MW01710870

BFF

4. RIEN NE VA PLUS !

GENEVIÈVE GUILBAULT

MARILOU ADDISON

ANDARA

Catalogage avant publication de Bibliothèque et Archives nationales du Québec et Bibliothèque et Archives Canada

Guilbault, Geneviève, 1978-

BFF
Sommaire : 4. Rien ne va plus !
Pour les jeunes de 10 ans et plus.

ISBN 978-2-89746-040-2 (vol. 4)

I. Addison, Marilou, 1979- . II. Guilbault, Geneviève, 1978-
Rien ne va plus. III. Titre.

PS8613.U494B44 2016 jC843'.6 C2015-942695-2
PS9613.U494B44 2016

Auteures : Marilou Addison et Geneviève Guilbault
Illustrations : Mika
Graphisme : Julie Deschênes

Dépôt légal — Bibliothèque et Archives nationales du Québec, 1er trimestre 2017

ISBN 978-2-89746-040-2

Gouvernement du Québec — Programme de crédit d'impôt pour l'édition de livres — Gestion SODEC

Andara éditeur remercie la SODEC pour l'aide accordée à son programme éditorial.

Imprimé au Canada

Financé par le gouvernement du Canada | Canada

FSC www.fsc.org MIXTE Papier issu de sources responsables FSC® C103567

À nos lectrices rencontrées dans
les salons du livre du Québec.
Vous êtes incroyables !

Marilou

À toutes les fans de la série BFF.
Merci de nous lire ! Sans vous, cette
série ne serait pas ce qu'elle est !

Geneviève XXX

Oh, Émy, tu me manques trop!

Comme dans: je ne sais pas quoi faire sans toi!!! Sérieux, ça ne fait qu'une semaine que je suis partie de la maison et je sens déjà que je suis en train de me dessécher. (Tu sais, comme une plante qui manque d'eau?) Parce que tu es un élément vital pour moi. En fait, tu es ma raison de vivre! Et là, je désespère!

Surtout que, comme tu le sais, RIEN de tout cela n'est ma faute! Après tout, ils n'avaient qu'à ne pas me permettre de faire cette croisière et c'est tout! Franchement! Je trouve qu'ils ont une fâcheuse tendance à accuser les autres au lieu de prendre leurs responsabilités, tu ne trouves pas? Bon, j'avoue qu'il m'arrive de faire la même chose... mais ce n'est pas le propos!

Avec tout ça, on ne peut même pas communiquer par textos ou par courriels... Mes parents ne veulent toujours pas. Mais ils m'ont promis que, si j'allais à cette fichue thérapie de groupe (pas le goût de t'en parler, c'est trop déprimant et, en plus, ce sera ma première fois demain...), j'aurais la permission de ravoir mon ordi dans ma chambre (ma nouvelle chambre, un autre dossier ultra déprimant...).

En plus, je déteste écrire à la main ! Ça me donne des crampes et je souffre atrocement ! Sauf que je n'ai pas le choix, pour le moment, si je veux rester en contact avec toi... Tu sais que je ferais TOUT pour toi, hein ?!

On se voit toujours le week-end prochain ? Mon père doit venir me chercher. Deux jours loin de cet enfer de pensionnat. Je vais avoir besoin de me ressourcer en ta compagnie. D'ailleurs, comment ça va, de ton côté ? Le retour en classe, Maax et tout ça ? Vous ne vous parlez toujours plus ? Vous auriez au moins pu rester amis, tsé... Il est vraiment poche de ne même pas répondre à tes courriels, je trouve.

Bon, j'ai trop mal à la main. Je te réécrirai demain.

Bisous XXX

Ta best, Nad

P.-S. : Je vais aussi avoir besoin de tes conseils, en fin de semaine, parce que j'ai prévu appeler Sasha afin de savoir où nous en sommes réellement, lui et moi. On va devoir régler ça une fois pour toutes. Lui as-tu parlé dernièrement ? Je me demande comment il va...

1
NADEIGE

Il y a un fil qui pend de mon chandail de laine. Ce genre de fil qui, si jamais on se décide à tirer dessus, risque de faire un énooorme trou en plein centre dudit chandail. J'ai vraiment le goût de l'arracher…

Je ne peux pas m'en empêcher. C'est comme une obsession. Je le fais tourner entre mon pouce et mon index, et j'imagine déjà le scénario. La première maille se défait lentement, puis la seconde, et ainsi de suite. Ce serait un spectacle fascinant. D'ailleurs, je pourrais simplement…

— Nadeige ?

Je relève la tête en vitesse, un peu perdue. Une dizaine de paires d'yeux environ m'observent et me jugent. Oups… avec ce fichu fil, j'en suis venue à oublier où je me trouve : en pleine thérapie de groupe ! Comme si j'avais besoin d'être là ! Mais depuis mon renvoi de la poly, mes parents ont été clairs. Je dois me reprendre en main et si j'ai besoin de l'aide d'un psy pour le faire, j'en verrai un !

Sauf que le psy censé m'aider, ça n'a pris qu'un seul rendez-vous pour qu'il dise à ma mère que je n'étais pas ouverte à la discussion. Que je ne prenais pas notre rencontre au sérieux et que j'étais limite impolie. (Ça, c'est FAUX! J'étais hyper polie... en tout cas, je ne comprends toujours pas pourquoi lever les yeux au ciel pendant qu'il parlait pouvait être perçu comme un geste impoli...)

Bref, mon père a ensuite eu la brillante idée (notez le sarcasme, ici) de m'inscrire à une thérapie de groupe. UNE THÉRAPIE DE GROUPE !!! C'est ri-di-cu-le !!! Mais le psy était d'accord (lui, c'est clairement un incompétent) et maman a appuyé papa (comme d'habitude, ils se mettent toujours à deux contre moi, ce qui est absolument injuste). Alors me voilà ici. C'est la première fois que je viens. Il faut dire que je suis rentrée au pensionnat la semaine dernière et que j'ai eu très peu de temps pour moi.

Ah, le pensionnat... Autre beau sujet dont j'aimerais bien ne jamais parler !

De un, il n'y a que des filles.
(Qui se prennent vraaaaiment au sérieux.)

De deux, je dois dormir sur place.
(Ma chambre est minuscule !)

De trois, les règles sont ultra sévères et je ne peux même pas sortir de là sans avoir une permission spéciale. (En plus, il y a un couvre-feu et je dois me coucher à neuf heures max !)

De quatre, je ne peux pas communiquer avec Émy-Lee quand je le veux.
(À savoir tout le temps !)

Et de cinq (je vais m'arrêter là, sinon la liste serait trop longue), je n'ai même pas pu voir Sasha depuis mon départ...

— Nadeige ? C'est ton tour, tu sais.

Bon, visiblement, pas moyen de réfléchir en paix, par ici ! En plus, je ne sais même pas ce qu'elle me veut, cette femme, cette psy ou cette thérapeute. (C'est quoi, au juste, son titre ?) Pour bien lui faire sentir mon impatience, je pousse un profond soupir, le visage fermé. Je suis experte pour ça. Et habituellement, les gens me laissent tranquille quand ils sont confrontés à mon air de bœuf.

Mais pas cette fois, il faut croire, parce que ce n'est pas la psy – une certaine madame Pizouli (euh, c'est quoi ce nom, d'abord ?!?) – qui prend la parole, mais un des jeunes présents dans la pièce. Une fille, plus précisément, qui porte des vêtements de couleurs dépareillées (même moi, je suis capable d'agencer un coton ouaté avec un t-shirt…), des souliers mauves et un gros foulard vert. C'est quoi ce look ? En plus, il ne fait pas froid du tout, alors pourquoi elle s'entête à garder son foulard ?!

Avec cette exagération de détails, j'en ai perdu le fil (tiens, où est rendu le fil de mon chandail, déjà ?) de ce que raconte cette fille. Je plisse donc les yeux pour tenter de comprendre de quoi elle parle. J'aurais peut-être dû prendre mes médicaments pour m'aider à me concentrer, ce matin…

— On veut connaître ton histoire, répète-t-elle. On est là pour ça.

— Et on ne va pas te juger, ajoute une autre fille, à sa droite.

Je laisse échapper un claquement de langue, car s'il y a bien une chose que les gens sont INCAPABLES de faire, c'est de ne pas juger les autres ! Ils ne m'auront pas si facilement.

Mais ma réaction ne passe évidemment pas inaperçue, car un gars, assis dans le fond de la salle, réagit aussitôt :

— Tu te crois meilleure que nous ? Tu te dis qu'on n'est que des idiots qui perdent leur temps, c'est ça ? Que ta vie ne nous concerne pas et que ça ne sert à rien de nous écouter ou de nous parler, hein ?

Mes joues s'enflamment devant l'attaque que je subis et je me redresse sur ma chaise pour me défendre. Je ne permettrai à personne de me dire ce que je peux ou ne peux pas penser !

— Non, pas du tout ! Enfin... ouais, c'est vrai, je trouve que ça ne sert à rien, tout ça, dis-je en pointant le cercle que nous formons.

Zut... je me contredis moi-même ! C'est la faute de ce gars, aussi ! Il m'a mise en colère et en plus, sans mes médicaments, j'en perds mes mots. Je m'apprête à lancer une phrase un peu plus cohérente, mais il me coupe avant même que j'aie ouvert la bouche.

— Qu'est-ce que tu fais ici, alors ? Pourquoi tu prends la peine de venir à une thérapie de groupe si tu penses que ça ne va pas t'aider ?

— Je suis obligée, d'accord ?!

— Personne ne vient ici par obligation. Tu vois la porte, là-bas ? Si tu veux, tu peux la prendre. On ne va pas te retenir, tu sais.

Pourquoi les larmes me montent-elles alors aux yeux ? Pourquoi une boule se forme-t-elle dans le fond de ma gorge ? Et surtout, pourquoi l'animatrice-psy-thérapeute le laisse-t-elle me parler de cette façon ? Je n'ai rien fait à qui que ce soit ! Je veux juste rester dans mon coin et ne pas me faire achaler. Ce n'est pas trop demander, il me semble !

Je croise les bras sur ma poitrine et marmonne :

— Si je m'en vais, je n'aurai plus le droit de…

— … de quoi ? insiste-t-il.

Je prends une bonne inspiration, puis je finis par avouer :

— Je n'aurai plus le droit de parler à ma meilleure amie ! Mes parents viennent de m'envoyer dans un fichu pensionnat, loin d'elle, supposément parce que je ne fais que des trucs stupides ! Parce que je me mets toujours les pieds dans les plats ! Parce que je prends constamment de mauvaises décisions ! Parce que j'ai triché au concours inter-collèges et, à cause de ça, j'ai fait perdre des sous à mon école. J'ai ridiculisé une fille qui était autiste et, par-dessus le marché, il paraît que j'ai une mauvaise influence sur mon chum… non, mon ex-chum, alors les parents de celui-ci ne veulent plus qu'on se voie ! Bref, ma vie est un enfer et, pour couronner le tout, je suis OBLIGÉE de venir à ces fichues séances de thérapie de groupe dont je me serais bien passée ! C'est bon, on va me laisser tranquille maintenant que je vous ai tout dit ?! Vous êtes contents, là ?!

Et je m'écrase sur ma chaise, le souffle court. Étonnamment, de tout dire à voix haute ne m'a pas fait me sentir comme une moins que rien (c'est-à-dire comme je me sens habituellement depuis quelques jours). Au contraire. Ça défoule, je dirais.

Je suis déjà prête à recommencer quand la psy se décide enfin à reprendre son rôle, puisqu'elle me sourit gentiment.

— C'est bien… Très bien, Nadeige. Merci, Mathias, dit-elle en direction de celui qui m'a fait sortir de mes gonds. La première étape, dans une thérapie, c'est d'identifier les problèmes auxquels on doit faire face. Dans ton cas, ton passé est rempli de choses non réglées, à ce que je vois. Ton travail, ici, sera de comprendre pourquoi tu as agi ainsi. Il faut arriver à sortir de nos vieilles habitudes. Même si celles-ci sont parfois très rassurantes. Bon, termine-t-elle en se tournant vers ma voisine de droite, Béatrice, c'est ton tour. On t'écoute.

Cette dernière s'exécute et moi, je retombe dans mes pensées, soulagée. Pas complètement, en fait, puisque je me mets à observer les jeunes qui m'entourent. Ils semblent avoir entre quinze et dix-sept ans, je dirais. Je suis la plus jeune du groupe. Le gars qui ne s'est pas mêlé de ses affaires en m'affrontant – Mathias, je crois – semble avoir un an de plus que moi maximum. Il est concentré sur Béatrice et ne remarque pas que je l'examine, alors j'en profite.

Ses cheveux sont très foncés et plutôt longs. Le genre de gars dont la frange lui tombe dans les yeux et qui passe son temps à donner des coups de tête pour y voir quelque chose, quoi! Ses yeux doivent être foncés, j'imagine, mais de là où je me trouve, je ne peux pas vraiment en être certaine. Au moins, il n'a pas le visage rempli d'acné (je trouve ça dégoûtant) et il a un petit nez légèrement retroussé. Je n'arrive pas à dire si je le trouve mignon ou pas.

Voyons ! Qu'est-ce qui me prend ? Bien sûr que non, je ne le trouve pas de mon goût ! Il est arrogant, imbu de lui-même et désagréable. En plus d'être agressif ! Sans compter que pour moi, les garçons, c'est fini ! F-I-N-I ! Il n'y avait que Sasha qui pouvait me comprendre et, à moins que son père revienne sur sa décision, notre relation ne pourra jamais redevenir ce qu'elle était. Comment vivre une histoire amoureuse avec un gars qu'on ne peut ni voir, ni texter, ni… ni rien du tout ?

Juste de repenser à la dernière fois qu'on s'est vus, lui et moi, ça me met tout à l'envers. Son visage triste, son regard résigné… Il a baissé les bras et c'est moi qui en ai payé le prix !

Alors non, je ne vais pas commencer à m'intéresser à un gars qui passe ses soirées à des séances de thérapie de groupe. D'ailleurs, qu'est-ce qu'il fait ici, au juste ? J'aimerais bien le savoir… Non, c'est faux. Je ne veux pas le savoir. C'est juste que… si je dois être coincée avec ces jeunes durant tout le printemps, aussi bien faire connaissance avec eux.

J'en suis là de mes réflexions quand madame Pizouli – appelez-moi Carole, je vous en prie – nous indique que la soirée va bientôt se terminer, mais que nous pouvons manger quelques biscuits et prendre un verre de chocolat chaud avant de partir. Ça, je ne dirais pas non…

J'attrape ma veste, l'enfile en vitesse et saute sur mes pieds (il était plus que temps que je bouge, moi!) avant de me diriger vers les tables longues installées derrière nous. Je saisis un biscuit, le fourre dans ma bouche, puis en prends deux autres (pour la route). Je remplis aussi un gobelet de styromousse avec du chocolat chaud. Je me tourne ensuite pour m'éloigner, mais juste derrière moi se tient Mathias. Il me dépasse d'une bonne tête et doit se pencher pour me regarder. La bouche pleine, c'est dur pour moi d'attaquer la première, alors il prend plaisir à le faire:

— Pourquoi tu me regardais comme ça, pendant que Béatrice parlait?

— Che ne chte regcharchais pchas!

— Quoi? Tsé, un biscuit en entier, ça entre rarement dans une bouche. Le manger en plusieurs bouchées, ça ne t'est pas passé par la tête?

Inspire, Nadeige, ou tu vas t'étouffer… Je mâche à toute vitesse, puis finis par répondre:

— Bon, tu me veux quoi ? C'est quoi ton problème ? En plus, tu étais « hypnotisé » par ce que Béatrice racontait, alors comment tu as pu remarquer ce que je faisais pendant ce temps-là ?

— Je n'étais pas « hypnotisé », comme tu le crois. Seulement, c'est très impoli de ne pas écouter ce que les autres disent. Personne ne t'a jamais expliqué ça ?

— Bien sûr ! Franchement ! Sauf que… ah mais pourquoi je te parle, au juste ?

Je tente de passer à côté de lui pour m'en aller, mais il m'emboîte le pas et se met à marcher à mes côtés, pour mon plus grand malheur.

— Tu vas où comme ça ? On n'a pas terminé notre discussion, il me semble, s'écrie-t-il.

— Pour moi, elle est terminée. En plus, je dois me dépêcher parce que j'ai un couvre-feu, dis-je en jetant un œil à l'horloge murale installée dans la salle.

— Je t'accompagne.

Je m'arrête sec et le fixe. (Ce qui, je dois l'avouer, est un peu déstabilisant, puisqu'en fin de compte ses yeux ne sont pas bruns, comme je le croyais au départ, mais bleu très, très pâle. Bref, il a vraiment de trop beaux yeux pour que ça fonctionne avec sa personnalité de chnoute, lui !)

— Pourquoi tu ferais ça ? Je ne veux pas que tu viennes avec moi. Je ne te connais même pas !

— De quoi tu as peur ? Je ne vais pas te manger ! En plus, tu n'es même pas mon genre de fille. Tu es trop…

— Trop quoi ?

— Ça t'intéresse vraiment de le savoir ? me demande-t-il, un sourire en coin.

Alors je me ravise et recommence à marcher. Je passe la porte de la salle et me retrouve dehors, Mathias toujours dans mon dos. Si je marche vite et que je ne lui adresse plus la parole, peut-être qu'il va se lasser et me laisser tranquille.

Mais il a de bien plus grandes jambes que moi et je sens qu'il doit même ralentir le pas pour ne pas me dépasser. C'est limite insultant. Je lui jette des regards en coin et constate qu'il ne m'observe pas du tout. Qu'est-ce qu'il fait là, au juste ? Lorsque nous passons près d'une ruelle, il se met entre moi et celle-ci, tout en y jetant un œil.

Parce que je suis de mauvaise humeur ET que je me rends compte que ça pourrait le faire enfin réagir, je décide de m'arrêter, puis d'emprunter justement CETTE ruelle… Je bifurque et, comme je l'avais espéré, il s'exclame :

— On ne devrait pas passer par là. C'est... Nadeige, attends !

Trop tard, j'y suis déjà. Il fait très sombre et comme je ne connais pas bien le chemin, je sursaute en entendant un bruit sur ma droite. Mathias est déjà à côté de moi et marmonne :

— Je commence à comprendre ce que tu voulais dire par « je fais toujours les mauvais choix »... On devrait revenir dans la rue et...

— Vas-y, toi ! Je ne demande que ça, que tu t'en ailles !

Il plisse les yeux en me fixant un instant, avant de hocher la tête.

— Ah, je vois. Tu t'es dit que si tu venais ici, je m'en irais. Eh bien non, comme tu vois, je suis toujours là. En fait, même si ça te fait suer, je vais rester. Tu es la plus jeune du groupe et je ne vais pas te laisser marcher seule, le soir, pour retourner dans ton pensionnat. Alors arrête de faire cette tête et viens, termine-t-il, en me faisant signe de revenir sur mes pas.

Encore une fois, j'ai mal interprété son attitude. Je suis une spécialiste pour ça, il faut croire. Il ne veut que me rendre service. En soupirant, je finis donc par me résoudre à le suivre, quand j'entends un second bruit, mais beaucoup plus près de nous cette fois. Ce n'est pas un son très inquiétant, par contre. Seulement le miaulement d'un chat.

Curieuse, je fais un pas vers l'animal et découvre un chaton roux qui tremble comme une feuille. Je ne peux pas le laisser là ! Je me penche et il vient aussitôt se réfugier contre mes jambes. Doucement, je le prends et le soulève pour le coller contre mon chandail de laine, puisque je n'ai pas pris le temps d'attacher ma veste.

Mathias se rapproche de moi et passe la main sur la petite tête de l'animal. Puis, il me demande :

— Qu'est-ce que tu vas en faire ? Tu ne peux pas l'amener avec toi au pensionnat.

— Je sais…

Et alors, une idée totalement déplacée me vient à l'esprit. Je lève donc des yeux piteux en direction de Mathias, mais il secoue la tête avec vigueur.

— Ah non, il n'en est pas question ! Mes parents ne voudront jamais !

— Allez ! Tu n'auras qu'à lui faire un coin dans ton garage. Tu as un garage, hein ? Ce n'est qu'en attendant que je trouve une solution ! S'il te plaît, s'il te plaît, s'il te plaît !!!

Et j'accompagne mes supplications d'un clignement des paupières bien senti. J'ai vu les filles de l'école le faire avec les garçons et ça marche à tous les coups. Mathias marmonne, mais finit par lâcher :

— OK, c'est bon. Mais à une condition…

— Super ! Tout ce que tu veux. Enfin… bon, pas TOUT, mais…

— Pas de panique. Je veux juste que tu participes davantage à la prochaine réunion. Que tu prennes ça au sérieux, quoi…

— C'est bon pour moi ! Tiens, dis-je en lui tendant le chaton, qui se remet à miauler de plus belle.

L'une de ses griffes se prend même dans mon chandail et en tire le petit fil qui dépassait. Un large trou se forme alors et je me dis que ce chaton et moi, on devait être destinés à se rencontrer…

Salut, ma Nad!

J'attends toujours, tu sais? Je croyais qu'on devait s'envoyer des tas et DES TAS de lettres, mais je n'en ai toujours reçu AUCUNE de ta part! Qu'est-ce que tu fais? Ta nouvelle vie est trop passionnante pour que tu consacres quelques minutes de ton temps à ta BFF? Tu es malade? Hospitalisée?

N'essaie pas de te justifier en rejetant la faute sur quelqu'un d'autre (genre le facteur trop vieux, le timbre trop petit ou l'enveloppe qui n'est pas assez aérodynamique). Le service de courrier peut parfois être lent, mais pas à ce point-là! Ta nouvelle école n'est pas en Afghanistan, quand même!

En tout cas... Peut-être que tu ne t'intéresses pas vraiment à ce que je vis, finalement...

Sauf que MOI, je n'en peux plus de ne pas savoir comment tu vas! C'est comment, le pensionnat? Avec JUSTE des filles! Est-ce que tu es seule dans ta chambre? Est-ce que les profs sont sévères? Est-ce que tu as le droit de sortir de temps en temps? Je veux tout savoir!

C'est super important que tu prennes l'air au moins une fois par jour, tu le sais, hein? C'est souvent très sec dans ce genre d'institutions, tu pourrais te retrouver avec des difficultés respiratoires. As-tu pensé à t'apporter un humidificateur? (Préviens-moi si tes besoins de base ne sont pas satisfaits, je n'ai aucun problème à déposer une plainte à la commission des droits fondamentaux des élèves en captivité.)

De mon côté, ça ne va pas si mal. Je pleure à peu près cinq fois par jour, je n'ai plus d'appétit, je n'ai plus le goût d'aller à l'école ni de m'entraîner, bref, je ne sers à rien dans cette pathétique société (sauf à enrichir les fabricants de papiers-mouchoirs, peut-être).

J'espère que tu vas venir me voir le week-end prochain parce que je m'ennuie trop de toi. Sois sage, OK? Ne fais pas de bêtises! Ce n'est pas le temps de te retrouver avec une retenue... ou de passer la nuit au poste de police. (Avec toi, on ne sait jamais!)

À bientôt, bientôt, bientôt!

Je t'aime, ma Nad!

Émy-Lee XXX

2

ÉMY-LEE

Je me considère comme une fille persévérante dans la vie.

Attention ! Je ne suis pas la plus courageuse ni la plus originale des personnes sur terre, je le sais bien ! Mais je suis déterminée à ma façon : je travaille super fort à l'école, je suis toujours là pour ma BFF (et ses gaffes monumentales), je ne permets jamais à mon petit frère de baisser les bras quand il éprouve des difficultés (ce n'est pas parce qu'il est en fauteuil roulant qu'il doit se lamenter sur son sort) et je ne compte pas mes heures quand il s'agit de fouiller sur Internet pour obtenir des infos sur mon état de santé (la maladie peut frapper n'importe quand, tout le monde sait ça).

Alors oui, je peux affirmer sans trop me tromper que je suis persévérante.

Pourquoi tout le monde me dit de lâcher prise, alors ? Non, mais c'est vrai ! C'est un peu l'inverse de ce qu'on nous apprend quand on est petit, non ? On nous répète toujours d'aller au bout de soi, de foncer, de repousser nos limites.

Et là, je devrais tout abandonner simplement parce que c'est difficile ? Eh bien, j'ai une petite nouvelle pour vous. Je ne suis pas prête à mettre une croix sur Maxime-Alexandre ! On a vécu trop de belles choses ensemble pour que ça passe directement aux oubliettes. On a droit au bonheur, nous aussi !

« Il a choisi Alissa », me direz-vous. Je sais… Mais je sais aussi que c'est temporaire. Il va très vite comprendre que c'est moi, la fille de ses rêves. Il va se réveiller un beau matin, lire les centaines de messages que je lui ai envoyés et comprendre à quel point il s'ennuie de moi…

… ou pas.

Torbinouche ! Chaque fois que je pense à cette possibilité, ma poitrine se serre dangereusement.

Je ne veux pas faire une autre crise de panique ! Je ne veux pas faire une autre crise de panique ! Je ne veux pas faire une autre crise de panique !

Le fait de l'écrire dans mon journal intime me permet de me concentrer sur ma respiration, sur ma main qui guide mon crayon, sur les lettres qui se forment sur le blanc de ma page. C'est nouveau ; je n'avais jamais eu de journal intime auparavant. Je ne fais pas trop confiance au minuscule cadenas qui est censé le garder à l'abri des regards indiscrets. Et avec raison ! Je l'ai testé et savez-vous quoi ? J'ai réussi à l'ouvrir avec :

- ✓ une épingle à cheveux
- ✓ un cure-dents
- ✓ un petit couteau
- ✓ un crayon
- ✓ et même avec mes dents !

Mais le pire, c'est qu'avec la clé, ça ne marche pas à tous les coups ! N'importe quoi, hein ? Je me suis donc procuré un cadenas antivol (et anti-parents trop curieux) et le tour est joué !

La vérité, c'est que ce cahier s'est avéré très utile depuis quelques jours. En fait, il me sert plus d'outil de défoulement que de véritable journal. Je ne note pas les heures, les lieux et la moindre de mes pensées. Non ! Je *garroche* des trucs ici et là au gré de mes humeurs. Et comme mes humeurs sont en montagnes russes ces derniers temps, il y a pas mal de gribouillis, de rimes, de gros mots, de dessins, de têtes de mort et d'incantations maléfiques. Bon... Je ne suis pas très douée pour les incantations maléfiques, mais je me débrouille étonnamment bien côté poèmes. Ma tête est pleine de mots tristes qui riment avec « amour », « chagrin », « douleur » et « désespoir ». En résumé, je dirais que mon journal ressemble à un cahier mi-gothique mi-*peace and love* aux couleurs à la fois cinglantes et apaisantes.

À l'intérieur, je parle d'Olivier et des beaux moments qu'on a passés ensemble sur ce grand bateau. De son romantisme à toute épreuve, de sa douceur, de ses baisers interdits. Je ne me suis jamais sentie aussi comprise et libre d'être moi-même qu'avec ce garçon. (Je sais, ce n'est pas comme si j'en avais connu des tonnes, mais c'est la base d'une relation réussie, non ?) Je me sens vraiment stupide de ne pas lui avoir demandé son numéro. (J'ai bien essayé de le trouver sur les réseaux sociaux, mais sans une donnée aussi importante que son nom de famille, mes recherches sont vouées à l'échec. Il doit y avoir deux millions d'Olivier dans le monde !)

Évidemment, je parle aussi de Maax (parce qu'en fin de compte, c'est lui que j'ai choisi, je ne dois pas l'oublier). Mais lui, l'idiot, il a préféré Alissa, et ça, je le digère très mal !

Et savez-vous ce qu'il y a de plus difficile que de se faire *flusher*? L'IMAGINATION! Je n'arrête pas de les imaginer ensemble, tous les deux. Quand je suis à l'école, je passe mon temps à me demander ce qu'ils font, à la poly, loin de moi. (Sont-ils en train de se bécoter? De se dire des mots doux? Mangent-ils ensemble à la cafétéria?) Le soir, je me dis qu'ils sont peut-être dans un grand restaurant. (OU PIRE, dans notre petite pâtisserie bien à nous, celle dans laquelle on avait l'habitude de se donner rendez-vous.) Quand je dors, je les imagine collés l'un à l'autre dans un grand lit couvert de pétales de roses. (OK. Les pétales de roses, c'est peu probable, mais je ne contrôle pas toujours les démesures de mon cerveau!)

En résumé, c'est l'horreur! MA VIE est une horreur! Pour enfoncer un peu plus le clou de mon désespoir, ma *best* s'est une fois de plus arrangée pour s'éloigner de moi. Cette fois-ci, elle a fait les choses en grand! Un pensionnat! Clap! Clap! Clap! BRA-VO, Nadeige! Si ton but était de rendre notre amitié encore plus compliquée qu'elle l'était, c'est réussi!

Tiens, je peux sûrement écrire un poème déchirant à ce sujet... Je note quelques idées, j'ajoute un ou deux dessins. Mais bientôt, ma mère frappe à la porte de ma chambre. Je m'empresse de fermer mon journal et de le cacher sous mon oreiller avant de lui crier d'entrer.

Maman ouvre la porte en douceur et passe la tête dans l'embrasure avec prudence. On dirait qu'elle a peur que je lui lance des tomates par la tête. Entre, torbinouche ! Je ne vais pas te dévorer ! Elle ose un pas et son regard se promène d'un coin à l'autre de ma chambre.

— Bon sang ! Émy-Lee…, soupire-t-elle, découragée.

— Quoi ? fais-je en haussant les épaules.

— Tu as vu l'état de ta chambre ? On ne voit même plus la couleur du plancher.

Mon regard dévie sur des cahiers, un sac à dos, une serviette, une pile de vêtements sales (et moins sales), de la vaisselle, et même quelques boîtes de craquelins vides qui traînent au sol.

— Ce n'est pas comme si c'était grave ; il est brun !

— Tu comprends très bien ce que je veux dire ! réplique maman, l'air sévère. Je n'ai jamais toléré que ta chambre soit dans un tel état et je ne le tolérerai pas plus aujourd'hui. Fais-moi le plaisir de nettoyer tout ça.

— Désolée, mais je ne peux pas.

— Comment ça, tu ne peux pas ?

— Je suis au beau milieu d'une *triple* peine d'amour et d'amitié. Aurais-tu déjà oublié à quel point je suis malheureuse ?

Ça y est, je vais recommencer à pleurer si ça continue. Je dois me contrôler. J'inspire profondément et je fixe mes doigts sans bouger. Maman lâche un grand soupir, avance vers moi et vient s'asseoir sur mon lit.

— Écoute, ma puce, dit-elle d'une voix douce. Ton père et moi avons été très patients avec toi. On t'a laissée passer des heures à ton ordinateur sans dire un mot, on t'a permis de te coucher plus tard, et on t'a même autorisée à manger dans ta chambre. Mais là, ça fait deux semaines que ça dure. Il est temps que tu te reprennes en main.

— Bon ! C'est ça ! Toi aussi, tu vas me dire de passer à autre chose et d'oublier Maxime-Alexandre ?

— Si c'est ce que ça prend pour que je retrouve ma petite fille, oui !

— Le problème, c'est que tu n'as plus de petite fille, dis-je avec férocité. Tu vas devoir accepter le fait que j'ai grandi et que je suis presque une adulte, maintenant.

Est-ce l'ombre d'un sourire que je vois apparaître au coin des lèvres de ma mère ? Elle n'oserait quand même pas se moquer de moi ?

— Dans ce cas, comporte-toi comme une adulte, articule-t-elle en prenant une de mes mains dans les siennes. Ramasse-toi. Prends une douche plus souvent que tous les trois jours. Mange de façon équilibrée et reprends le cours de tes activités. La vie continue, Émy-Lee. Et crois-moi, ce n'est pas la dernière peine d'amour que tu auras à gérer dans ta vie, alors aussi bien t'y habituer.

— Je te remercie ! C'est très encourageant !

Je ne sais pas si maman essaie de me motiver ou de me déprimer, mais ça ne change rien au fait que je ne suis pas d'humeur à sortir. Ça me demande déjà tout mon petit change pour aller à l'école ! Si je pouvais, je passerais le reste de mes jours enfermée dans ma chambre. Ça serait chouette, non ? Chambre, école, chambre, école, chambre, école. Et la fin de semaine : chambre, chambre, chambre. Ouais ! C'est un bon plan !

Comme si elle avait lu dans mes pensées, maman plonge ses yeux dans les miens et avance une main pour caresser mes cheveux. Je la repousse gentiment et elle plisse le front, étonnée par ma réaction. Puis, elle me dit, la voix chargée d'émotion :

— Tu sais que Liam pleure tous les soirs ?

Là, elle pique ma curiosité. (Et mon cœur, par le fait même !)

— Hein ? Pourquoi ?

— Ton frère s'ennuie de toi, Émy-Lee... Tu ne t'occupes plus de lui. Tu ne descends même pas lui souhaiter bonne nuit quand il se couche. Il se demande pourquoi tu ne l'aimes plus...

— Je l'aime encore, voyons ! C'est mon frère !

— Je sais, ma puce, mais tu as une drôle de façon de lui montrer. Ton père et moi comprenons ce que tu vis, mais Liam est bien petit pour faire la part des choses. Il se sent rejeté.

Torbinouche ! Je ne veux surtout pas faire de la peine à mon frère ! Maman baisse la tête, se lève de mon lit et quitte ma chambre d'un pas léger. Ça y est, je me sens comme de la bouette !

***

J'ai beaucoup de mal à m'endormir. Il est près de minuit et je n'arrive toujours pas à fermer l'œil. Pourtant, je suis allée m'excuser auprès de Liam. Je lui ai expliqué que je vivais des trucs difficiles et qu'il n'y était pour rien. Je lui ai même raconté trois histoires après l'avoir aidé à faire ses exercices sur le tapis du salon. Pour couronner le tout, je lui ai chanté une chanson pour l'aider à s'endormir. (Il n'y a pas à dire, j'ai une voix épouvantable, surtout après avoir pleuré !)

Toujours est-il que je n'arrête pas de me retourner dans mon lit. Je n'ose pas fermer les yeux. Dès que je m'endors, des images horribles viennent hanter mes rêves. Je n'en peux plus de mes cauchemars ! Je ne sais même pas pourquoi ça existe, d'abord ! Ça ne sert à rien ! Je vote pour l'abolition éternelle des cauchemars. Tout le monde est d'accord ? Super ! Merci !

Bon ! Voilà que je dis n'importe quoi !

Découragée par mes propres sottises, j'étire le bras pour agripper mon portable. Tant pis si je suis fatiguée demain. Je l'allume sans faire de bruit et je diminue même l'intensité de mon écran pour être certaine que mes parents ne voient pas de lumière sous la porte de ma chambre. Si je pouvais, j'écrirais à Nadeige pour lui dire à quel point je m'ennuie d'elle. Mais non, c'est impossible. Madame « je collectionne les bêtises les plus incroyables » n'a pas accès à ses courriels. Ni à sa messagerie texte. Ni même à du papier et des crayons, si j'en crois le nombre de lettres qu'elle ne m'a PAS envoyées jusqu'à maintenant.

Hautement déprimée, je rédige un millième message à l'intention de Maxime-Alexandre.

À : Maax@coolmail.com
De : Emy-Lee_Samson@coolmail.com
Objet : M'ennuie !

Salut, beau garçon !

Tu n'as toujours pas répondu à mes messages. Je sais que tu as besoin de temps pour réfléchir et je comprends ça. C'est normal. Tu vois Alissa tous les jours à l'école et tu es presque en train d'oublier à quel point on était bien, tous les deux. Je ne t'en veux pas, mais il serait temps que tu me donnes signe de vie... Je commence à trouver le temps long, sans toi.

Bonne nuit.

Bisous.

Je t'aime !

Émy-Lee XXX

Satisfaite de mon message, j'appuie sur « Envoyer ». Cette fois-ci sera la bonne. Je suis sûre qu'il va me répondre ce soir. Hum... Non, il est un peu tard... Demain, peut-être ? Avant l'école ? Ou après ? Demain soir, au pire ! Après son entraînement. Chose certaine, il m'aura répondu avant la fin de la semaine.

Je sors de ma messagerie et décide d'aller faire un tour sur Facebook.

Pas de demande d'amitié de la part d'Olivier. J'avoue que je m'en doutais. Je garde quand même espoir de lui reparler un jour.

Aucun message de Maax non plus. Je ne me décourage pas. Rien ne m'empêche de fouiner un peu pour me mettre à jour depuis ma dernière visite sur le site (c'est-à-dire il y a deux heures). Mon premier réflexe est d'aller sur la page de Maax (au cas où il aurait eu envie de dire à tout le monde qu'il a fait une erreur magistrale en me laissant et qu'il le regrettait de toute son âme), mais je constate vite que nous ne sommes plus « amis ». Torbinouche ! Qu'est-ce que c'est que cette histoire ? Il y a une erreur, c'est certain ! Je me prépare à cliquer sur « Inviter » quand je réalise que le bouton n'est plus là ! Disparu ! Je ferme Facebook, je l'ouvre à nouveau et recommence ma démarche. Même résultat.

Bon… Je ressaierai demain. Le site est peut-être en panne.

Encore loin d'être fatiguée, je m'amuse à faire quelques recherches sur le Net. Je tape « fille déprimée », « cœur brisé », « peine d'amour » et clique ici et là sur les résultats qui me sont proposés. Je tombe sur toutes sortes de trucs : un article intitulé « Comment se remettre de votre rupture en trois étapes faciles », une recette de biscuits « Coup de foudre assuré », une étude sur l'importance de bien communiquer dans un couple et un blogue intitulé *L'ABC de la fille déprimée.* Curieuse, j'ouvre le blogue et je découvre une vraie mine d'or ! Il y a plein d'articles, des témoignages, des liens vers d'autres sites et même une section avec l'horoscope du jour.

Un grand sourire aux lèvres, je me dis que c'est exactement ce qu'il me fallait !

Émy ? Tu es là ???

Nad ? C'est toi ?

En chair et en os ?

Oui, m'dame ! Je suis de retour à la maison !

(OK, pas pour très longtemps, par contre…)

Et je suis là pour tout le week-end ! Tu n'as pas lu ma lettre ?

Quelle lettre ?

Tu ne m'as écrit AUCUNE lettre, alors que moi, je t'en ai envoyé DES TAS !

Mais bien sûr que je t'ai écrit !

Je me suis presque fait une bursite du poignet pour toi !

(Ça existe, ça, tu crois ?)

Il faudrait que je vérifie, mais je crois que toutes les articulations peuvent s'enflammer au niveau des bourses séreuses. Le problème, c'est que la bursite apparaît souvent à la suite d'un effort répété ou d'un surmenage, ce qui n'est sûrement pas ton cas.

Je n'ai RIEN REÇU !

Es-tu sûre d'avoir mis une adresse sur l'enveloppe ? Ce serait ton genre d'oublier...

Qu'est-ce que tu me racontais, dans ta lettre ? Je veux tout savoir !

Je ne comprends rien à ton truc de bourses, mais je te disais surtout que je revenais en fin de semaine et qu'on pourrait se voir !

Mon père est venu me chercher et on vient d'arriver.

Tu es dispo ?

Oh ! Cool ! Je m'ennuie tellement de toi !

Mais pas maintenant… ma mère insiste pour que je fasse le ménage de ma chambre. C'est une sorte de fixation, en ce moment. Elle aime le brun, il faut croire.

Le brun… ? Tu veux m'expliquer ou tu préfères me laisser imaginer le pire ?

Laisse tomber. C'est un détail.

Bon, d'accord.

Après le souper, ça irait ?

C'est parfait ! Je vais te faire ça en vitesse, ce ménage-là !

Génial ! J'ai trooooop hâte de te voir !

Alors, tu as deux minutes pour jaser ? Quoi de neuf ? Commence par les bonnes nouvelles, j'en ai eu assez de mauvaises dans les dernières semaines…

Ben… Il n'y a aucune bonne nouvelle, en fait.

En plus, il semble y avoir un problème avec Facebook. À moins que ce soit mon ordi…

Je ne suis pas une experte. (En plus, ça fait un bail que je n'ai pas utilisé mon ordi et je suis sûre qu'il a fait des tas de mises à jour depuis mon absence…)

Mais je peux essayer de t'aider. Qu'est-ce qui se passe ?

Je n'arrive plus à faire de demande d'amitié à Maax.

Ben… pas besoin d'en faire une quand vous êtes déjà amis, non ?

On l'était, mais plus maintenant. Et là, le bouton « Inviter » n'apparaît plus.

Sérieux ?! Émy, ça me fait de la peine de te dire ça, mais…

Il me semble que le message est clair !

Le message ? Quel message ? Tu crois que Facebook veut me dire quelque chose ?

Franchement, c'est toi qui joues à l'autruche, là !

Je parle de Maax ! Il t'a bloquée, ça me paraît évident.

Dis-moi, combien de fois tu lui as écrit depuis votre rupture ?

Trop pour que je puisse les compter.

Émy ! Il faut savoir tourner la page, tu sais.

(Soupir...) Et à combien d'entre eux il a répondu ?

Aucun.

Mais c'est normal.

Il a besoin de temps.

Du temps, il en a eu suffisamment.

Ce dont il a besoin, c'est d'air ! Lâche-le un peu.

Comment ça, besoin d'air ? On ne se voit même pas ! On ne se parle pas au téléphone.

Il ne me rappelle jamais et refuse de me rencontrer pour qu'on puisse discuter.

Il était temps que je revienne, à ce que je vois…

Je ne veux pas te faire plus de peine que tu en as déjà, mais ton Maax, il est passé à autre chose. En plus, il sort avec cette Alissa. Tu ne voudrais pas d'un gars qui est amoureux d'une autre, hein ?

Es-tu en train de me dire que c'est fini avec lui ? Genre, pour de bon ?

Euh… OUI ! Mais je sais que tu vas rebondir sur tes deux pieds.

En plus, je suis là justement pour te changer les idées !

Tu vas voir, on va passer du bon temps !

…

Émy ?

…

Émy ?

…

On se voit toujours après le souper ?

…

Allez, tu n'es pas drôle ! C'est moi qui boude, d'habitude !

En plus, on ne s'est pas vues depuis une éternité !

…

Ben tu sais quoi ? Je vais venir chez toi, que tu le veuilles ou non !

À tantôt !

3

NADEIGE

Moi qui espérais que mon retour à la maison pour le week-end me remonterait le moral… je me suis mis le doigt dans l'œil jusqu'au coude, il faut croire ! (N'essayez pas ça à la maison, c'est hyper douloureux !) D'abord, il y a Émy-Lee qui ne fait que broyer du noir et qui ne pense qu'à son Maax. Pourtant, elle sait très bien qu'elle ne reviendra jamais avec lui !

Je ne la comprends pas. Même quand j'étais au plus bas, je ne m'accrochais pas à Sasha dans l'espoir qu'il me reprenne ! (Enfin… je ne pense pas. OK, peut-être un peu, en fait. Beaucoup, même…) Mais ma *best* mérite mieux. Si son ex ne veut plus d'elle, alors *exit*, qu'elle passe au prochain ! Ou mieux : qu'elle tire un trait sur les gars. Comme moi !

Moi… et Sasha. Je m'en vais justement chez lui. Mes parents m'ont permis d'aller le voir, afin de faire le point. Ils ont compris que nous devions au moins terminer cette relation correctement. Alors je marche dans la fraîcheur de ce début du mois d'avril, le pas hésitant. J'ai le cœur à l'envers juste à l'idée de revoir Sasha.

Quand je lui ai téléphoné, c'est à son père que j'ai parlé. Il n'avait pas l'air content du tout de m'entendre. Mais il a accepté que je passe pour discuter avec son fils. (OK, dans les faits, il a fallu que ma mère lui explique mes raisons avant qu'il dise oui.) Je sens que je ne serai pas très bien accueillie, une fois là-bas. Tant pis, ce n'est pas pour mon ancien directeur que j'y vais. Je n'ai d'excuses à faire qu'à son fils.

Je marche donc le plus lentement possible. On dirait que j'essaie de retarder l'inévitable. Disons plutôt que je veux vivre à fond ces quelques minutes où j'ai encore l'impression de sortir avec Sasha. Parce que tant que les mots n'auront pas été prononcés, je peux toujours me faire croire des trucs…

Je soupire en apercevant sa maison au bout de la rue. Ça devient de plus en plus réel. Il me semble que d'être avec Émy m'aurait fait du bien. Mais je n'ai pas osé le lui demander. Elle m'aurait dit de me débrouiller toute seule, de toute manière. Elle était fâchée quand on s'est quittées hier soir. Pour des détails, en plus! (OK, ça concernait Maax et le fait qu'elle l'avait quand même un peu trompé, mais bon, c'est la vérité, non?!) Il va falloir que je la rappelle pour que nous ne soyons pas en froid trop longtemps. Je repars quand même demain, moi !

J'inspire un bon coup. La maison se rapproche. Moi, je ralentis. C'est ridicule. Je calcule qu'il doit me rester environ quinze pas avant d'être devant le perron. Quatorze. Ce n'est pas très long, quand on y pense, quatorze pas. Treize. Je n'avais jamais remarqué ce lampadaire. Douze. Zut, j'approche du dixième pas. Onze. Dix. Bon, ça suffit. Je vais cesser de compter, sinon je vais devenir folle.

Huit. C'est trop dur de ne pas le faire... Rendue à cinq, je pourrais peut-être recommencer le décompte ? Six. Ça y est. Il ne me reste que cinq pas. CINQ PAS ! C'est ultra court, cinq pas ! C'est moins de pas que la distance entre le salon et la cuisine, chez moi. Quatre. Ça, c'est le nombre de pas que je dois faire pour effectuer un tour complet de ma minuscule chambre au pensionnat. Trois. TROIS ! Je capote !!!

DEUX ! Voilà. J'y suis. Un dernier et je vais devoir grimper les marches menant à sa porte. Un...

Ça a passé trop vite. J'ai le goût de rebrousser chemin. De me sauver à toutes jambes. Mais je n'en ai pas le temps, puisque la porte s'ouvre et dévoile le visage de Sasha. Il ne sourit pas. Il me fixe sans dire un mot. Mes mains tremblent et je reste là, sans savoir quoi faire, quoi dire. Alors, la voix de son insensible de père retentit derrière lui :

— Ne laisse pas la porte ouverte aussi longtemps, Sasha ! Nous ne sommes pas encore en été, que je sache !

Sasha a un rictus et baisse les yeux. Puis, toujours sans me regarder, il se tasse pour me faire signe d'entrer. Je grimpe deux à deux les marches du petit escalier et passe devant lui. En chemin, j'en profite pour prendre une bonne inspiration. Sasha, il a toujours senti tellement bon. Je veux me souvenir longtemps de son odeur. Surtout que je ne sais pas quand nous allons pouvoir nous revoir, lui et moi.

Je stoppe dans le portique et retire mes bottines, tandis que Sasha m'attend. Mais à aucun moment je n'ai droit à son regard posé sur moi. Lorsque je suis prête, il se remet en mouvement et repart en direction de sa chambre. Je n'ose pas dire bonjour à son père, assis dans la cuisine, puisque celui-ci prendrait sûrement un plaisir fou à me faire mille et un reproches. (J'aime mieux m'en passer.)

Dès que je pénètre dans la chambre de Sasha, la porte se referme derrière moi et je sens deux bras me prendre par les épaules. Puis, mon amoureux (ex-amoureux?) me colle de toutes ses forces contre lui. Il m'en fait perdre le souffle et je dois le repousser pour ne pas étouffer.

— Désolé, je ne voulais pas te faire mal, me murmure-t-il, en saisissant mon visage entre ses deux mains, son front à moins d'un millimètre du mien.

Je pose mes propres mains sur les siennes, comme pour le retenir un peu plus longtemps. Mais visiblement, il n'a pas l'intention de s'éloigner lui non plus, car il se penche alors et m'embrasse avec douceur, puis de plus en plus passionnément. Pour la deuxième fois en moins de trente secondes, je dois lui faire signe qu'il est un peu trop intense. Je vais mourir asphyxiée, si ça continue.

— Encore désolé, Nadeige, mais je... je pense à toi depuis le moment où on a été séparés!

— Dans ce cas, il ne fallait pas écouter ton père et...

Il retire aussitôt ses mains de mes joues et s'éloigne en s'exclamant:

— Non, on ne va pas discuter de mon père. Je n'ai pas le choix, tu le sais. Je ne vais pas me battre contre ses règles. Je serais perdant à tous coups.

— Alors que maintenant, je suis la seule perdante…

Sasha se mord les lèvres pour s'empêcher de répondre, j'imagine. Il me tourne plutôt le dos et s'appuie sur son bureau de travail pour se calmer. Un long silence s'installe dans la pièce et j'en profite pour détailler celle-ci, puisque c'est la première fois que j'y mets les pieds.

C'est… neutre, je dirais. Pas du tout à l'image de Sasha. Comme si quelqu'un s'était appliqué à enlever toute vie, par ici. Il n'y a aucune affiche, pas de vêtements qui traînent ou de cahiers qui seraient posés sur son bureau. Rien. Des murs gris. Une literie un peu plus foncée et des rideaux de la même couleur. Une commode en bois dont aucun tiroir n'est resté malencontreusement ouvert.

Ou Sasha est à l'opposé de moi, ou il s'est fait imposer tout cela. Et connaissant son père, je pencherais plutôt pour cette deuxième option. Lorsque mes yeux se posent de nouveau sur mon chum (très bientôt ex), celui-ci s'est redressé. Il est désormais appuyé contre son bureau, les bras croisés. Il m'observe, attendant visiblement que je dise quelque chose.

Donc, c'est le temps de parler. Je me racle la gorge, prends une bonne inspiration, puis je m'exécute bien malgré moi…

— Je suis venue te voir, en fait, parce que je crois qu'on devrait… enfin… si je le pouvais, je ferais les choses autrement, mais on ne peut pas revenir en arrière…

— Ça, je le sais bien…, marmonne-t-il.

— Bref, je pense qu'on est tous les deux d'accord pour que notre relation…

Il hoche maintenant la tête, signe qu'il sait de quelle manière je vais terminer ma phrase, ce qui me rend la chose encore plus pénible. Mes yeux se remplissent d'eau et c'est en bégayant que je parviens tout de même à énoncer ce qui doit être dit :

— … se… se finisse…

Il baisse les yeux et je vois les larmes couler sur ses joues. Mais cette fois, il reste silencieux. Ses épaules se mettent à tressauter et il porte la main à son front, me cachant ainsi son visage. J'ai envie de tendre le bras vers lui, mais je me retiens à la dernière minute. À quoi ça servirait de le consoler ? De lui dire que tout va bien aller ?

À rien. Parce que ce n'est pas vrai. Et cette peine, il va falloir la vivre. On ne s'en sortira pas en niant la réalité. C'est pourquoi je poursuis, la voix rauque :

— Je vais terminer l'année dans ce pensionnat et toi... tu n'as même pas le droit de communiquer avec moi... Ton père me déteste et...

— Il ne te déteste pas ! intervient-il pour la première fois, en dévoilant un visage ravagé par les pleurs.

— Allez, ne fais pas semblant, hein ! C'est évident qu'il ne souhaite qu'une chose : que je disparaisse le plus loin possible. Et là, il doit être teeellement content que je m'en aille.

Sa mâchoire se serre et il tourne le regard pour regarder son mur le plus proche. Je voudrais passer mes doigts sur ce cou, sur ce muscle qui tressaille parce qu'il n'aime pas ce que je raconte. Je préférerais ne pas lui causer autant de peine, même si c'est ce que je passe mon temps à faire. Et alors, ça me frappe. Je sais ce qu'il me reste à faire avant de partir. Je peux être méchante, quand je le veux. Sauf que je n'ai pas envie que la dernière chose qu'il reste entre nous, ce soit de la colère.

Alors, en murmurant, je m'excuse. Oui, moi, Nadeige Leblanc, je fais mes excuses à quelqu'un. En le pensant vraiment. De toutes mes tripes. Sasha me fixe de nouveau, incertain. Il doit se demander si je suis sérieuse ou sarcastique. Mais dans mes yeux, il ne peut voir que ma sincérité, puisqu'il n'y a rien d'autre, à part ma douleur.

Et là, tandis que nous sommes en train de nous laisser, il fait le truc le plus craquant au monde. Il me sourit. Sans bouger. Sans avancer vers moi. Sans dire quoi que ce soit. Il ne fait que sourire et mon cœur se gonfle. Je l'aime tellement, ce gars, c'est fou ! Sauf qu'on ne peut pas être ensemble. Pas maintenant. Pas pour le moment.

Mais bon… l'avenir, on ne sait jamais de quoi il est fait, hein ? Alors je lui souris à mon tour. Entre mes larmes, j'essaie de lui faire le plus beau sourire de ma vie. Et côté sourire, je n'ai pas une grande expérience… Ça doit pourtant être concluant, parce que Sasha se met à rire tout bas. Je l'imite, sans trop savoir pourquoi.

Il se met à rire de plus en plus fort. Moi aussi. En fait, on en est bientôt rendus à se tordre de rire, ce qui, il faut l'avouer, doit être assez bizarre. Surtout pour son père, qui ouvre la porte d'un coup sec afin de savoir ce qui se passe. Lorsqu'il me voit hilare, il m'accuse aussitôt :

— Tu as pris de la drogue ?

Sasha pouffe davantage devant cette question et son père se tourne vers lui, l'œil rageur.

— Elle t'a obligé à en prendre ? Qu'est-ce qu'elle t'a donné ? Pourquoi vous riez comme deux idiots ?! Mais bon Dieu, qu'est-ce qui se passe ici ?!? crie-t-il.

Comme ni Sasha ni moi ne sommes en état de lui répondre, il me saisit par le bras et me pousse hors de la chambre. J'ai à peine le temps d'enfiler mes bottines que je suis déjà sur le perron, sans cesser de rire. Du couloir, juste avant que la porte se referme derrière moi, j'entends toujours le rire de Sasha qui résonne.

C'est ça dont je voulais me souvenir. Mon chum (*OK, mon ex-chum, mais ça, il va falloir que je m'habitue à le dire...*) qui rit. Qui s'amuse. Qui est heureux. C'était sûrement la meilleure (mais aussi la plus étrange) façon de rompre.

Mes poumons se remplissent d'air tandis que je prends une très longue inspiration. Puis, en sautillant, je me remets à compter les pas me ramenant vers chez moi.

Un.

Deux.

Trois… me voilà !

Émy, je suis désolée pour hier...

Mais j'ai une bonne nouvelle !

Je viens de casser avec Sasha.

Euh... Et en quoi c'est une bonne nouvelle ?

Non, ce n'est pas le fait que je vienne de casser, la bonne nouvelle.

C'est juste que... ben voilà, c'est fait.

Tu me sembles de bien bonne humeur, toi, pour une fille qui vient de rompre.

Tu dois être dans le déni. Je viens de lire un article sur le sujet et apparemment, c'est très toxique, le déni. C'est une des principales causes des verrues plantaires. As-tu vérifié sous tes pieds ? C'est hyper contagieux, ce truc !

Ouache, t'es dégueu !

Ce n'est pas ce que tu crois.

Et lâche-moi avec tes articles !

De toute façon, côté déni, tu ne laisses pas ta place non plus.

On en a déjà parlé, Nad. Je ne suis pas dans le déni.

Maax va bientôt se réveiller et comprendre à quel point il tient à moi.

Ça n'a rien à voir avec Sasha et toi.

Sasha et moi, on serait encore ensemble si je ne devais pas terminer l'école aussi loin de lui ! Maax et toi, même si vous habitez proches, vous n'êtes plus un couple !

Alors il n'y a RIEN de commun entre ton histoire et la mienne !

Bon, on ne va pas encore se disputer la veille de ton départ, hein ?

On ne sait même pas quand on va se revoir. Ni quand on va pouvoir s'écrire…

Oh ! J'ai une idée ! Tu pourrais faire croire à tes parents que tu souffres du syndrome de POCARV.

Voyons, mes parents ne vont jamais croire un truc pareil.

En plus, je ne serais même pas capable de le prononcer sans partir à rire.

C'est quoi, d'ailleurs, cette maladie ?

Le syndrome de POCARV, c'est une Perte Occasionnelle de la Concentration liée à l'Abandon des Relations Virtuelles (Internet).

Hein ? Chez moi, la perte de concentration, ça s'appelle le TDAH.

C'est trop bizarre, ton syndrome. Je suis sûre que ça n'existe même pas !

Bien sûr que non, je viens de l'inventer. 😉

Mais ça a l'air sérieux, tu ne trouves pas ? Je suis sûre que ta mère va blêmir quand tu vas lui en parler.

Je trouve ça pas mal compliqué, ton histoire.

Et à quoi ça servirait que je parle de ça à mes parents ?

Mais non, ce n'est pas trop compliqué, voyons ! Je peux t'imprimer un tas d'articles si tu veux. Tu n'auras qu'à les leur brandir sous le nez pour leur prouver à quel point ta santé mentale risque de souffrir si tu n'as pas accès à ton ordinateur (et à Internet, ne l'oublions pas, c'est quand même l'essentiel, dans toute cette histoire).

Qu'est-ce que tu en dis ?

Aaaaah… je vois où tu veux en venir.

Mais oublie ça tout de suite. Mes parents n'ont AUCUNE empathie pour moi.

Je les soupçonne parfois de faire exprès pour que ma vie soit un enfer…

Hein ? Mais non, voyons ! Tes parents t'adorent. Enfin, je pense. En tout cas, ils t'aimaient bien quand tu étais petite. Là, je ne sais plus trop… Ce n'est pas clair… Tu as fait tellement de bêtises, ces derniers temps. Tu veux que je valide avec eux ?

De toute façon, on se revoit avant ton départ, hein ?

Peux-tu venir chez moi ?

J'attendais que tu me le proposes enfin !

Cool ! À tantôt !

4

ÉMY-LEE

C'est toujours le même refrain. La même routine. Chaque jour qui passe est d'une platitude extrême. Je me lève de peine et de misère, je mange du bout des lèvres, j'enfile mon horrible uniforme, je me brosse les cheveux et les dents. Ensuite, je dis au revoir à papa et maman, j'embrasse Liam (avec le sourire, bien sûr, pour cacher ma déprime!) et je me rends à l'arrêt d'autobus, le cœur gros, les épaules qui pèsent deux mille tonnes.

Et là, pendant que l'autobus sillonne les rues du quartier, j'écoute de la musique, la tête appuyée sur la fenêtre, et je me répète à quel point je suis malheureuse sans ma Nad. Oui, c'est vrai, on s'est vues le week-end dernier, et ça m'a fait du bien... Mais ça rend son absence encore plus pénible maintenant qu'elle est repartie. Je m'ennuie de l'époque où on se rejoignait tous les matins dans les marches de l'agora. On parlait. On riait. Au lieu de ça, j'assiste à mes cours sans plaisir, sans motivation, et surtout sans amis.

Au moins, une minuscule parcelle de bonheur vient égayer mes journées depuis quelque temps. Et là, je ne parle pas de Talbot qui essaie tant bien que mal de devenir mon ami. Ni de Delphine, toujours aussi gentille avec moi malgré ma face de dix pieds de long. Encore moins de la greluche à Noémie, qui passe son temps à me lancer des injures chaque fois qu'elle me croise dans le corridor. Non… Je parle ici de *L'ABC de la fille déprimée*. Ce blogue est juste parfait pour moi !

Tous les midis, je m'installe dans la café avec mon portable et je parcours les différentes sections de ce blogue. Il y a de tout, là-dedans :

- Des témoignages de filles aussi déprimées que moi
- Des conseils santé
- Des conseils beauté
- Des conseils propreté (Quoi ? C'est bien connu, on a tendance à laisser notre hygiène de côté quand on est déprimé.)

- Des statistiques, des articles et des recherches hautement scientifiques comme je les aime
- Des conseils sur l'amitié, sur l'école et surtout, SURTOUT ! (et là, je me dis que je vais peut-être un jour retrouver le bonheur) des conseils sur l'amour !

Fille déprimée est tout simplement géniale ! Je suis en train de lire son dernier billet, « Le jour où je me suis ridiculisée en me rendant à la réunion des *acheteurs de bonbons à la menthe anonymes* au lieu de celle des *déprimés anonymes* », et je ne peux m'empêcher de sourire ! Mais mon semi-bonheur disparaît vite quand je sens une présence derrière mon dos. Je tourne la tête et me retrouve nez à nez avec Noémie. Argh ! Pas encore elle ! Elle ne peut pas me laisser tranquille deux minutes ?

La greluche s'est tellement approchée pour lire par-dessus mon épaule que j'arrive à sentir son haleine de pâté au saumon. Je plisse le nez et recule d'un mouvement sec en priant pour que ses germes ne soient pas assez costauds pour s'être frayé un chemin jusqu'à moi.

— Qu'est-ce qu'il y a ? demande Noémie, sous son épaisse couche de maquillage. Je te fais peur ?

À côté d'elle, ses amies éclatent de rire.

— Non, c'est ton haleine qui fait peur, dis-je du tac au tac. Tu pourris par en dedans ou quoi ?

Tiens, plus personne ne rit ! Je retourne à mon ordi pour montrer à cette bande de nunuches qu'elles ne m'impressionnent pas (euh ! mensonge !) et que je me fiche bien d'elles (DOUBLE mensonge !).

Je tremble par en dedans. Je n'ai jamais aimé les confrontations et je ne les aime toujours pas. Je commence à peine à être capable de me défendre. J'ai l'air en plein contrôle, comme ça, mais la réponse ne venait pas de moi. Je suis allée la puiser dans la banque de répliques cinglantes que je garde en tête pour les moments comme celui-ci. Cadeau de Nad ! Il y en a pour toutes les occasions. Le problème, c'est que j'arrive rarement à m'en rappeler quand c'est le temps de les utiliser. Même moi, je suis étonnée de ma rapidité d'esprit d'aujourd'hui.

La greluche, qui ne semble pas du tout apprécier que je lui tienne tête (surtout devant ses copines !), contourne la table et vient s'asseoir en face de moi en prenant soin de fermer le couvercle de mon portable de sa main droite. Puis, elle appuie son menton dans ses paumes et m'examine attentivement.

— Tu n'es pas particulièrement jolie, toi…, articule-t-elle, un demi-sourire au coin de ses lèvres luisantes.

Première position dans le palmarès des commentaires gratuits, méchants et inutiles : Noémie la greluche ! Bravo ! Je lui souris à mon tour, un peu amère, et lui fais remarquer :

— Et toi, tu es un peu blême. Tu aurais dû venir en croisière avec nous. Oups ! J'oubliais ! Il fallait gagner l'inter-collèges pour ça ! Désolée ! Tu n'as même pas pu participer…

Sur ce, je m'empare de mon portable d'un geste un peu brusque (tant pis si je lui grafigne un bras au passage) et je sors de la cafétéria en vitesse. Je l'entends me crier des insultes à propos de mes yeux bridés et de mon stupide blogue, mais je m'en fiche. Elle ne mérite pas mon attention.

Je me trouve un petit coin tranquille dans le fond d'un corridor et je m'y installe avec mon ordi et ma mauvaise humeur. Je veux savoir si Fille déprimée a quelque chose à dire au sujet des cauchemars. J'en fais plein, ces temps-ci. Des fois, j'aimerais qu'il existe des comprimés qui me permettraient de m'endormir instantanément et de passer à travers la nuit sans qu'une seule image vienne me hanter. Je ne parle pas de ces cachets hyper chimiques vendus en pharmacie et qui te bousillent le système. (Je ne suis pas totalement inconsciente !) Non, je parle juste d'un truc magique. Abracadabra ! Pouf ! Tu dors ! Est-ce que c'est trop demander ?

Je suis en train de lire le paragraphe qui propose un changement de décor pour stimuler des hormones de bien-être qui contribuent à un sommeil réparateur quand Talbot vient s'asseoir à côté de moi, le visage radieux.

— Comment ça va, Émy-Lee ?

Il ne me lâche pas d'une semelle depuis que je suis revenue de croisière. Il s'est ennuyé de moi, dit-il. Je pense qu'il a appris que je n'étais plus avec Maax, parce qu'il n'arrête pas de m'écrire, de m'accompagner à mes cours et de me faire des cadeaux (quoique ça, j'y étais déjà habituée). Il y a des jours où j'ai envie de l'envoyer promener et d'autres où j'ai envie de l'étriper. Mais bon, en gentille demoiselle que je suis, je ne fais rien de tout ça. Ça m'empêche d'être complètement seule. En plus, je ne sais pas pourquoi, mais Talbot a toujours eu le don de me faire sentir plus légère, plus sereine. Je m'efforce donc d'être aimable avec lui.

— Pas trop mal, lui dis-je gentiment. Et toi ?

— Pas trop mal. Qu'est-ce que tu fais ?

Je tourne l'écran de mon ordi pour lui montrer le blogue et Talbot fronce ses épais sourcils.

— Wow ! Euh... *L'ABC de la fille déprimée* ? Ce n'est pas un peu déprimant, comme lecture ?

Toujours aussi perspicace, celui-là ! Je lui explique que l'auteure du blogue donne plein de conseils pour m'aider à me sentir mieux et passer à travers cette épreuve difficile de ma vie.

— Je peux t'en donner, des conseils, moi aussi, propose-t-il en posant une main sur mon bras. Et je peux t'aider à te sentir mieux si tu veux.

Oh ! Son sourire ne me dit rien qui vaille. Je ne veux surtout pas qu'il se fasse des idées. Lui et moi, on ne sortira jamais ensemble !

— C'est bon, merci ! dis-je en refermant le couvercle de mon ordi. J'ai tout ce qu'il me faut. Je peux même écrire à Fille déprimée pour avoir ses conseils, si je veux.

— Tu préfères te confier à une inconnue plutôt qu'à un ami ?

— Exact !

— Tu es vraiment bizarre…

Venant de lui, le commentaire perd un peu de sa crédibilité, mais bon… Talbot, c'est Talbot ! Soudain, il passe une main dans ses épais cheveux noirs et approche son visage du mien. Quoi ? Il ne va quand même pas m'embrasser ? J'ai un mouvement de recul, mais je réalise bien vite qu'il est plus en train de m'observer que de m'embrasser.

— Est-ce que…, commence-t-il, ses yeux plongés dans les miens. Est-ce que tu es déprimée au point de vouloir te faire du mal ?

— Me faire du mal ?

Est-il en train de parler de suicide ? Sérieusement ? Je retire ce que j'ai dit tout à l'heure. Talbot ne me fait plus sentir plus légère. C'est un vrai boulet, tout à coup !

— C'est une blague ?

— Je ne ferais jamais de blague à ce sujet, Émy-Lee, me fait-il remarquer, l'air grave. Je m'inquiète pour toi. On dirait que tu as perdu du poids. En plus, je ne te vois presque jamais manger.

— Oui, eh bien, c'est parce que je dîne à la cafétéria, alors que tu préfères t'enfermer dans le local du journal étudiant.

— Tu ne t'entraînes plus avec le club d'athlétisme, renchérit-il.

— J'avais besoin d'une pause.

— Tu ne souris plus. Tu as toujours le nez collé à l'écran de ton ordinateur. Tu ne réponds presque jamais à mes messages.

— OK. C'est vrai, ça ne file pas fort, fort, dis-je, vaincue. Mais crois-moi quand je te dis que…

Talbot ne m'écoute pas. Il bondit sur ses pieds, l'air plus déterminé que jamais, et lâche avec conviction :

— Je vais t'aider ! Je ne vais pas t'abandonner, tu peux en être certaine. Je vais te redonner goût à la vie !

— Mais je n'ai pas perdu le g…

— Toi et moi, on va passer à travers, ajoute-t-il sans m'écouter. Ensemble. Tous les deux. C'est à ça que ça sert, un ami.

Sur ce, il se penche pour me donner un bisou sur la joue (torbinouche ! je n'ai même pas le temps de le repousser !) et il se sauve en vitesse.

Euh… Qu'est-ce qui vient de se passer, au juste ? Je ne suis pas sûre d'avoir tout compris !

Un peu secouée, je me lève à mon tour et me rends à ma case pour y déposer mon ordinateur.

Qu'est-ce que je dois faire ? Je ne peux quand même pas le laisser s'imaginer les pires trucs à mon sujet. Je suis triste, c'est vrai. Je me sens plus moche qu'un derrière d'hippopotame, ça aussi, c'est vrai. Mais jamais (au grand jamais) je ne voudrais en finir avec la vie !

Je sais ! Je vais écrire à Fille déprimée pour lui demander ce qu'elle en pense. C'est elle, la pro, après tout, non ? Je suis sûre qu'elle saura quoi me dire.

Super idée !

Maintenant que je sais comment je vais occuper ma soirée, je profite des quelques minutes qu'il me reste avant la fin du dîner pour écrire dans mon journal.

CHOSES À FAIRE DEVANT TALBOT (QUESTION DE LE RASSURER):

✓ Manger

✓ Sourire

✓ Rire (un beau défi!)

BFF

✓ Faire comme si j'avais une vie

NAD

J'ai besoin de toi, Maax...
De la chaleur
De ton cœur,
De tes câlins
Au petit matin,
De tes bisous
Au creux de mon cou,
De ton amour
Pour toujours,
Je t'aime! XXX

MAAX

Maax

Un deux, un deux, *testing*!

Nad, es-tu là?

Ouuuuui! J'attendais ton message!

Tu fais enfin partie du vrai monde, bravo!

Je me sens LI-BÉ-RÉE! (Tu sais, comme la Reine des Neiges?)

Argh! Merci beaucoup! Je vais avoir la chanson dans la tête pour le reste de la journée!

Alors? Tu as ton ordi pour de bon?

Essaie de ne pas te le faire confisquer, s'il te plaît.

Voyons! Ce n'est pas mon genre!

Pour qui tu me prends, toi?

Ben… Tu serais capable de faire tomber un mur de ta chambre en claquant la porte un peu trop fort. Pire encore, tu serais du genre à mettre le feu à toute l'école en essayant de faire… je ne sais pas quoi, moi… un devoir de math.

N'IM-POR-TE QUOI !!!

Non ? Veux-tu vraiment que je te dresse la liste complète des gaffes que tu as faites depuis le début de l'année ?

As-tu une petite heure devant toi ?

Ha ! Ha ! Très drôle ! 😖

Je sais. J'ai tendance à être un peu plus drôle, ces temps-ci !

Turf ! Turf ! Je ris tellement que je m'étouffe…

Tu veux bien me faire la méthode Heimlich ?

Désolée, je ne la connais pas. En plus, tu es beaucoup trop loin. Et je n'aime pas trop l'idée que tu fasses semblant de t'étouffer. On ne rit pas avec ça.

Le jour où tu vas être mal prise pour vrai, je ne te croirai pas.

Tu ne dois pas crier au loup pour rien, Nad. Ça ne se fait pas.

Zzzzzzzzzz…

Bon ! Toi aussi, tu fais de l'humour, maintenant ?

Je ne blague pas, tu m'endors pour vrai !

OK. On change de sujet.

Qu'est-ce que tu penses de Talbot ?

Je devrais en penser quelque chose ?

Et d'abord, tu lui parles encore, à celui-là ?

Oui. Je pense qu'il est devenu mon ami.

Mais il est un peu intense
avec moi, ces temps-ci.

Comme d'habitude…

Oui, mais là, c'est intense grave ! Il vient
de m'envoyer une dizaine de messages.
Monsieur pense que je suis déprimée.

Il faut dire que tu ne pètes
pas le feu non plus…

Ça paraît tant que ça ?

Ben… ce n'est pas un secret non plus.

Est-ce qu'il y a vraiment quelqu'un à qui tu
n'as pas dit que tu étais en peine d'amour ?

La terre entière doit être au courant…

Bon ! C'est ça ! Tu trouves que je me
plains trop souvent ? Tu n'arrives plus
à me supporter ? Tu veux que j'arrête
de t'écrire, tant qu'à y être ?

Mais non, arrête ! Je ne fais que te répondre !

Ne te fâche pas contre moi !

C'est vrai… Désolée, Nad. Je ne sais pas ce qui m'a pris.

Je suis un peu à cran, ces temps-ci.

C'est le cas de le dire…

Comment tu vas, toi ?

En fait, ça va vraiment bien !

Sauf que je vais être obligée de te laisser, j'ai un rdv avec ma TES.

On se rejase demain, même heure ?

OK. Bon rendez-vous.

5

NADEIGE

Bon… c'est le temps, je crois. Pas que ça me tente vraiment, mais… Je dois faire une femme de moi et tout dire. Tout raconter. Tout dévoiler de mon CALVAIRE PERMANENT !!!

Comment se déroule mon intégration dans ce pensionnat à la noix ? Pour être totalement franche ? Je m'attendais à pire.

RAISONS POUR LESQUELLES LE PENSIONNAT EST SUPPOSÉMENT UN CALVAIRE :

* Je croyais que la direction serait sur mon dos sans arrêt.

* Je croyais que les professeurs seraient de vieilles dames qui allaient me mettre constamment en punition.

* Je croyais que les filles dans mes cours seraient des chipies qui me détesteraient.

* Je croyais que je m'ennuierais à mourir et que mon tout nouveau costume serait atroce.

Mais en fait, à part pour les deux derniers points (OUI, je m'ennuie ! Et concernant l'habit... j'y reviendrai), ce n'est pas si mal. Donc, j'exagère un peu lorsque je dis que c'est un calvaire… Bon, si on exclut le fait qu'Émy me manque X 1000, je dirais que ce pensionnat est l'école la moins désagréable que j'aie fréquentée cette année. Et côté école poche, je m'y connais !

D'abord, il y a Margot. Elle, c'est une TES. Autrement dit, elle me suit partout (OK, pas partout, mais on se voit une fois par semaine pour que je lui fasse un compte rendu de ma vie) et elle est hyper enjouée. Genre… HYPER enjouée !! Elle sourit constamment (ça doit lui causer des douleurs aux joues, je n'ose même pas y penser...) et elle ne se fâche JAMAIS.

MOMENTS OÙ MARGOT DEVRAIT NORMALEMENT SE FÂCHER :

Quand je l'envoie promener (je sais, j'ai essayé).

Quand je ne veux pas lui parler (surtout au début, parce que maintenant j'ai changé, tsé).

Quand je dis des stupidités
(pas mal tout le temps, je dirais).

Et quand je fais des blagues idiotes
(mais dans ces moments-là, elle ne fait que continuer à sourire, ce qui rend la situation vraiment « malaisante », en bout de ligne...).

Bref, Margot, elle est gentille, finalement. La première fois que je l'ai rencontrée, c'était lors de la journée où mes parents sont venus me reconduire au pensionnat. Elle m'attendait dans le hall d'entrée. Évidemment, elle a souri à s'en décrocher la mâchoire, ce qui a aussitôt rassuré ma mère. Mon père lui a serré la main et après un dernier au revoir (où je faisais peut-être un peu la baboune, je ne me souviens plus...), ils m'ont abandonnée sur place.

Je n'avais pas le goût de jaser avec qui que ce soit et Margot a dû le sentir, parce qu'elle m'a juste guidée jusqu'à ma chambre. Puis, elle m'a laissée m'installer sans m'achaler (un point pour elle). Ensuite, elle m'a suggéré d'aller manger un truc à la cantine (deux points). Finalement, elle a dit que je pouvais me prendre un morceau de gâteau au chocolat et que c'était elle qui me le payait. Une façon à elle de me souhaiter la bienvenue (à partir de là, j'étais un peu vendue…).

Le gâteau était écœurant et pendant que je le dégustais, Margot en a profité pour me parler des règles du pensionnat et de ce qu'on attendait de moi. En gros, c'est pas mal la même chose que lorsque j'étais au collège, mais cette fois-ci, on m'aide vraaaaiment à m'organiser. Si j'ai le moindre problème, je peux aller la voir et lui en parler.

Mais le plus beau était encore à venir… La majorité de mes enseignants sont jeunes et dynamiques. Ce ne sont pas des profs plates qui viennent d'un autre siècle ! Ils sont intéressants et j'arrive presque à me concentrer dans leurs cours. Presque… et les jours où je n'y arrive pas, je n'ai qu'à aller en discuter avec Margot.

Alors je vais revenir sur mes paroles. Ma vie, ici, c'est loin d'être un calvaire. En tout cas, pas en ce qui concerne les cours, les profs et la direction (et la bouffe !). Le problème ne se situe pas là. C'est plutôt l'absence de ma *best* qui me pèse. Et ma séparation d'avec Sasha. Et aussi MA CHAMBRE !

Nous y voilà ! Ma chambre… Trois mots pour la décrire : minuscule, microscopique et lilliputienne (merci, Émy, pour ce vocabulaire varié) !

Il n'y a qu'un lit simple, une chaise en bois et un miroir accroché sur un mur. Même pas de commode. Pas le moindre bureau pour faire mes travaux. Il faut que je m'installe sur mon matelas pour travailler, ce qui n'est pas génial. Et pour mes vêtements, je dois les mettre sur des cintres, dans le placard.

Ah oui, les vêtements… Comment ai-je pu oublier ce détail ?! Que personne ne rie de moi ! D'abord, puisqu'il n'y a que des filles dans ce pensionnat, nous sommes toutes habillées exactement pareil ! Pas le choix entre la jupe, le pantalon ou la robe, comme au collège d'Émy. Non ! Nous n'avons qu'un seul modèle de jupe : long, qui nous va jusqu'aux chevilles. Et que l'on doit porter avec une chemise blanche. Si on veut, on peut mettre un chandail de laine par-dessus ce magnifique ensemble ! (C'est du sarcasme…)

Normalement, je devrais mettre des bas blancs ou bleus, mais puisque c'est la seule façon dont je peux LÉGÈREMENT me démarquer sans que les profs réagissent, je préfère mettre des bas de toutes les couleurs. Parfois, ils ne sont même pas agencés l'un avec l'autre.

Je suis une vraie rebelle… Quand tu te définis par la couleur de tes bas, je pense que tu viens de franchir de nouvelles limites. (Je rigole…)

Mais oui, moi, Nadeige Leblanc, je fais des blagues ! N'alertez pas les médias tout de suite, ça ne devrait pas durer !

Ce qui me paraît étrange, en fait, c'est surtout que, malgré tous les malheurs qui me sont tombés dessus dernièrement… je trouve que je m'en sors plutôt bien. Vraiment ! D'ailleurs, ce n'est pas moi qui file un mauvais coton, c'est Émy-Lee ! Normalement, elle devrait être en train de me remonter le moral. De me dire que la vie est remplie de licornes roses et d'arcs-en-ciel lumineux. À la place, c'est moi qui suis en pleine forme et elle qui broie du noir. C'est le monde à l'envers !

En plus, je ne sais pas comment l'aider. Ce week-end, j'ai tenté de la faire rire, de l'obliger à sortir de sa chambre et à lâcher son fichu ordinateur, mais c'est à peine si elle m'a souri UNE FOIS durant les deux jours que j'étais avec elle. Ma BFF est au plus bas et moi, je suis beaucoup trop loin pour faire quoi que ce soit.

Pourtant, il faudrait que j'agisse. Que je trouve une solution. Sauf que les solutions, ça ne vient normalement pas de moi, mais d'elle ! Sans compter que mes dernières idées ont viré à la catastrophe, alors je préfère m'abstenir plutôt que d'envenimer les choses.

Étendue sur mon lit, mon ordinateur posé sur mes genoux, je regarde la page Facebook de ma *best*. Il ne s'y passe pas grand-chose. En fait, elle ne fait que partager des statuts déprimants et des pensées ultra quétaines. Qu'est-ce qui lui prend, au juste ?!

Je soupire et referme mon écran d'un coup sec. Ce week-end, mon père ne pouvait pas venir me chercher, alors je dois le passer toute seule ! C'est trop plate. J'ai besoin de bouger. De sortir de ma chambre grande comme ma main. Mais je peux seulement me promener entre les murs du pensionnat. Pas le droit d'aller traîner dans le quartier sans une permission spéciale. Qui ne m'est accordée que lorsque je dois me rendre à ma thérapie de groupe…

Je peux quand même aller faire un tour dans la cour. Je saute donc sur mes jambes, attrape une veste plus chaude dans mon placard et enfile mes bottines, puis je descends au rez-de-chaussée. Les chambres sont situées sur deux étages, dans l'aile droite du pensionnat. La cour, pour sa part, se trouve en plein centre. Je dois donc déambuler dans un looooong couloir avant d'avoir accès aux portes.

Mais une fois devant celles-ci, je les ouvre en poussant un soupir de contentement. Enfin, un peu d'air frais. En plus, il fait super beau, ce soir, et le soleil se couche de plus en plus tard. Ça me permet de profiter des derniers rayons sur ma peau. J'aurais bien aimé garder mon teint bronzé provenant de notre croisière, mais puisque je suis très blanche normalement, j'ai vite perdu mes belles couleurs…

Un sentier mène à une allée de pommiers. Ce serait génial de les voir en fleurs. Ou encore lorsqu'ils seront remplis de pommes ! Mais pour cela, il faudrait que je sois encore ici l'automne prochain… Puisque je ne veux pas me projeter aussi loin dans le temps, je secoue la tête et continue mon chemin. Tout au bout, il y a une forêt qui borde le terrain du pensionnat. Une clôture nous en empêche l'accès tandis que, sur ma gauche, je peux apercevoir le fleuve, même s'il est à une trop grande distance pour que je puisse m'en approcher.

Je m'assois sur un gros rocher et fixe le paysage. C'est apaisant, tout ça. Tellement, en fait, que ça me prend un moment avant d'entendre le petit pépiement derrière moi. Je finis tout de même par tourner la tête en direction de ce son étrange. Qu'est-ce que c'est que ça ? Intriguée, je me lève et me dirige vers celui-ci. Je m'approche d'un arbre et remarque des plumes qui s'ébattent dans tous les sens, par terre.

Ooooh… c'est un oisillon qui est tombé au sol. Je lève la tête pour voir si son nid est toujours là, mais je ne le trouve pas. Ni la maman oiseau. Je n'ai pas le choix. Je ne peux pas le laisser là. Il va mourir. Alors je joins mes mains et prends doucement l'animal entre mes paumes. Il s'y réfugie en se remettant à crier de plus belle.

— Mais qu'est-ce que je vais faire de toi, mon petit…? lui dis-je en me collant le visage contre lui.

Évidemment, il ne me répond pas, mais tente de m'agripper le bout du nez, ce qui me fait bien rigoler. En tentant de ne pas l'échapper, je reviens en courant vers la bâtisse. Juste avant d'y pénétrer, je cache l'oiseau dans une poche de ma veste, tout en croisant les doigts pour ne pas rencontrer un professeur sur mon chemin (ou Margot, ce qui serait bien pire, puisqu'elle s'arrêterait sûrement pour me parler ET entendrait mon nouvel ami…).

Je jette un œil dans le couloir. Personne. C'est le moment! Je cours jusqu'à ma chambre et referme ma porte d'un coup sec. Puis, je dépose mon paquet sur le lit. L'oisillon semble s'être endormi. Je dois tout de même lui trouver un endroit où passer la nuit. Et ça mange quoi, un bébé oiseau ? Je devrais peut-être chercher ces infos sur Internet…

Je lance mes bottines dans un coin et m'installe de nouveau confortablement. Je reprends mon ordinateur et l'ouvre pour commencer mes recherches. Mais je n'ai jamais été douée pour ça. Émy est bien meilleure que moi. Oh, je sais, je vais lui poser la question. Sans attendre, j'ouvre mon propre Facebook et envoie un message à ma *best*.

Émy ? Besoin de tes conseils d'experte !

Tu es là ?

…

Qu'est-ce que tu fabriques, au juste ?

D'habitude, tu es tout le temps sur ton ordi…

…

Bon, dès que tu auras ce message, écris-moi.

C'est une question de vie ou de...

Non, j'exagère. C'est juste que, pour une fois, je me sens utile.

Sauf que je ne peux pas le faire toute seule !

Je vais attendre ta réponse...

Je ferme ma messagerie privée, un peu déçue. Qu'est-ce que je fais, maintenant ? À moins que... je dois assister à une nouvelle séance de thérapie de groupe dès demain. Je pourrais y amener l'oisillon et demander à Mathias d'en prendre soin, comme il a accepté de le faire pour le chaton ! (J'espère juste qu'il sera là, parce qu'il n'est pas venu à la dernière rencontre, cette semaine, et je n'ai pas pu avoir de nouvelles du chat.) En attendant de trouver une meilleure solution, évidemment !

Parce qu'il ne va pas s'occuper d'un chat et d'un oiseau éternellement. Il va bien falloir que je leur déniche un foyer. Mais où on envoie ça, des petits animaux égarés et sans défense? Le chat pourrait aller au refuge animal, mais j'ai entendu dire qu'ils étaient souvent débordés et qu'ils ne pouvaient même pas prendre tous les animaux qu'on leur apporte. Et l'oiseau, ils n'en voudront jamais…

Faire une bonne action, c'est bien, mais c'est franchement compliqué, par contre! Je m'appuie sur mon oreiller, sans quitter l'oisillon des yeux. Il me reste encore à convaincre Mathias. Et je ne sais pas du tout comment je vais y arriver…

Hé, Émy, tu as eu mon dernier message?

Pourquoi tu ne réponds toujours pas?

C'est bon, je suis là!

Désolée, j'avais des trucs à faire.

Pas de problème, alors voilà: j'ai trouvé un oiseau qui était tombé de son nid.

Et je l'ai comme... euh...
ramené dans ma chambre.

Dans ta chambre? C'est quoi l'idée?

Je sais que c'était complètement idiot, que si je me fais pincer, je risque d'être punie et expédiée si loin que, cette fois, même le WiFi ne se rendra pas jusqu'à moi, mais...

JE N'AVAIS PAS LE CHOIX!

Ah, je comprends! Tu as vu l'occasion de te faire expulser à nouveau et tu t'es dit: « Tiens, tiens, voilà ma chance! Je ne dois pas la laisser filer! »

Franchement, pas du tout...

C'était ça ou le laisser mourir!

Évidemment! Entre ta *best* et un oiseau, tu as choisi l'oiseau! Ça montre bien à quel point je compte pour toi. Sérieux, Nad, c'est pathétique, ton affaire. Dès qu'il y a une mauvaise décision à prendre, tu es la première arrivée sur les lieux.

Je te le jure! Si tu l'avais vu me regarder avec ses petits yeux...

C'était comme s'il me suppliait de le prendre avec moi.

C'est ça... Continue à prendre soin de cette bestiole et tu te retrouveras vite aux urgences pour une infection à la psittacose!

Je savais que tu ne me croirais pas !

Laisse donc faire ! Et NON, je ne vais pas attraper la psitta-truc ! (C'est quoi ce truc, de toute manière ?!) Tu paniques pour rien !

Et j'ai trouvé une solution, alors laisse tomber !

Oui, c'est ça ! Je crois que je vais laisser tomber !

Amuse-toi bien avec ton volatile.

C'est exactement ce que je m'en vais faire !

Bye !

6

ÉMY-LEE

J'éteins ma messagerie en lâchant un grand cri et en donnant un coup de poing dans mon oreiller. Heureusement que la porte de ma chambre est fermée parce que ma mère serait du genre à rappliquer illico. Je suis trop en colère ! Si Nad était en face de moi, je pense que je l'agripperais par les épaules et que je la secouerais dans tous les sens. C'est quoi, encore, son idée de fou ? Un oiseau ! Dans sa chambre ! Qu'est-ce que ça sera, ensuite ? Un dauphin dans son bain ? Une mouffette sous son lit ?

OK… Je dois me calmer… Sérieux, la situation n'est pas si dramatique, quand même. C'est juste que j'ai tendance à réagir au quart de tour, ces temps-ci. Je ne sais pas ce qui m'arrive. Des fois je suis de bonne humeur et bang ! Deux minutes plus tard, je voudrais arracher la tête de la moitié de la population de la terre.

J'ai été vraiment horrible avec ma *best*. Ça ne me ressemble pas du tout, ce genre de réaction. Je dois arranger ça tout de suite !

Désolée, Nad. Ma réaction était exagérée.

J'attends sa réponse, mais elle ne vient pas. Je décide de continuer.

Tu m'as fait peur, c'est tout. Je ne veux pas que tu t'attires encore des ennuis, alors promets-moi de faire attention, OK?

Et mets des gants pour manipuler ton oiseau.

Et un masque.

Et ne le garde pas dans ta chambre trop longtemps. On ne rigole pas avec les différents degrés d'insalubrité provoquée par la présence d'animaux dans des endroits confinés.

Encore une fois, je m'excuse. J'espère que tu ne m'en veux pas trop.

Je t'aime, Nad. XXX

Nad ne répond pas. J'ai le cœur en compote. Je suis vraiment la pire des amies, ces temps-ci. Je comprends ma *best* de vouloir se rapprocher d'une petite bête sans défense. Il y a moins de risques de se faire mordre par elle que par moi…

Je ferme mon ordi et m'allonge sur mon lit, les bras derrière la tête. Et là, un plan machiavélique se dessine dans mon esprit. (Bon, OK, pas machiavélique du tout, mais venant de moi, ça fait un peu démoniaque.) C'est samedi et je n'ai qu'une seule envie : passer des heures sur *L'ABC de la fille déprimée*. Mais pour que mes parents me laissent faire ça, je dois d'abord démontrer un degré « d'efficacité progéniturale » acceptable. En gros, ça veut dire que je dois jouer à la bonne petite fille serviable afin d'accumuler des Émy-Points. Ce n'est pas une science exacte et la marge d'erreur est assez grande (parce que mon système n'existe que dans ma tête), mais ça me permet de bien évaluer mes besoins. Voici comment se font mes calculs :

DRESSER OU DÉBARRASSER LA TABLE : 5 POINTS.
Rien d'impressionnant, mais c'est mieux que rien.

FAIRE UNE BRASSÉE DE LAVAGE : 10 POINTS.

Pas trop compliqué, la laveuse et la sécheuse font tout le travail. Hé ! Hé !

PASSER L'ASPIRATEUR OU LAVER LE PLANCHER : 10 POINTS CHACUN.

FAIRE LE MÉNAGE DE MA CHAMBRE : 15 POINTS.
Ça fait TELLEMENT plaisir à mes parents.

LAVER LA SALLE DE BAIN AU GRAND COMPLET (une des choses que je déteste le plus, mais avec des gants, un masque et des lingettes jetables, je peux y arriver) : **30 POINTS.**

En plus de tout ça, il y a les petits privilèges : 5 points quand je donne le bain à Liam, 10 points si je lui fais faire ses exercices, 5 points si j'aide à préparer le repas. Je peux aussi accumuler des points bonis en m'attaquant à de plus gros travaux. Mais le problème, c'est qu'on est en avril, alors il n'y a plus d'auto à déneiger, plus d'entrée à pelleter et il est encore beaucoup trop tôt pour passer la tondeuse ou commencer le grand ménage du printemps.

Je passe donc le reste de la matinée à accumuler des Émy-Points par-ci par-là dans le but d'avoir tout le reste de la fin de semaine en temps libre. Je pense qu'avec une centaine de points, je devrais obtenir mon laissez-passer pour un week-end « total bien-être devant mon ordi ».

— Veux-tu que je t'aide à préparer les pâtés au poulet, maman ?

La cuisine est un vrai capharnaüm. Il y a des ingrédients un peu partout, une panoplie d'accessoires et de la vaisselle sale en quantité industrielle. C'est tellement l'anarchie là-dedans que je regrette aussitôt ma proposition. Maman relève la tête, se gratte le bout du nez en y laissant une trace de farine et me répond, un grand sourire aux lèvres.

— Tu es gentille, ma puce, mais tu en as assez fait pour aujourd'hui.

— Bah ! Je n'ai rien de prévu, de toute façon, dis-je innocemment.

— Bon, OK. Pourquoi pas, après tout ? Ça va aller plus vite à deux. Allez, viens, je vais te montrer comment rouler la pâte.

— Tu sais ce que ça veut dire, hein ?

Maman me regarde, le visage en point d'interrogation.

— Ça veut dire qu'un jour, quand tu seras une vieille grand-mère toute rabougrie, je saurai comment te préparer les meilleurs pâtés au poulet de tous les temps !

Maman éclate de rire et me lance une boule de pâte que j'attrape au vol. On passe les heures suivantes à cuisiner, à discuter et même — à quelques reprises — à rigoler. À la fin de la matinée, je me sens relativement bien. Non seulement j'ai réussi ma mission (d'après moi, j'ai assez d'Émy-Points pour avoir la paix jusqu'à la fin de mes jours !), mais en plus, je me suis amusée. Et ça… ça faisait une éternité que ça ne m'était pas arrivé. Je dois avouer que ça fait du bien !

Le cœur un peu plus léger, je m'installe sur mon lit et j'allume mon portable. J'ai hâte de découvrir les nouveautés du blogue ! Je ne sais pas quel est le secret de Fille déprimée pour me rendre aussi accro, mais j'y pense TOUT LE TEMPS ! Je me lève le matin et hop ! un petit tour pour voir si elle a passé une bonne nuit. Dès que j'ai une minute de libre à l'école, hop ! j'y retourne au cas où elle aurait ajouté un texte. Et en revenant à la maison, je laisse tomber mon sac à dos sur le plancher de ma chambre — brun ! — et je m'empresse d'ouvrir mon portable.

Aujourd'hui, il y a un billet intitulé « Le top dix des films à écouter quand on a envie de pleurer », une capsule sur « les couleurs stimulantes, déprimantes et relaxantes », une recette de barres « top vitalité » et un nouveau témoignage.

Un témoignage ! Voilà ce que je cherchais ! J'aime tellement savoir ce qui se passe dans la vie des gens aussi déprimés que moi. On dirait que ça m'aide à accepter ma condition. Je lis ce qui est écrit et je me dis « Ha ! Ha ! Ta vie est pire que la mienne ! » Et là, je me sens un peu mieux. (Je sais, ce n'est pas très empathique, mais chacun va chercher son réconfort comme il le peut, non ?)

Lorsque je découvre la signature à la fin du texte, mon cœur explose de joie. C'EST LA MIENNE ! Fille déprimée a ajouté MON TEXTE à son blogue ! Wow ! Je me sens comme une vedette. Elle a même écrit un petit quelque chose pour le présenter :

« Qu'il s'agisse d'une rupture, d'un désir inavoué, d'une tromperie, d'une attirance qui n'est pas réciproque, de mensonges, ou même d'un deuil... L'amour fait des ravages partout où il passe. Et quand il frappe en double, il fait encore plus de mal.

C'est ce qui est arrivé à Émy-Lee, qui est tombée sous le charme d'un autre alors qu'elle était déjà en couple. Laissons-la nous faire part de son expérience désastreuse et tâchons de comprendre pourquoi elle s'est jetée dans les bras d'un parfait inconnu alors qu'elle connaissait déjà le bonheur. Émy-Lee est-elle inconsciente ? Diabolique ? Un visage à deux faces ? Une séductrice ? Pourquoi a-t-elle choisi de mentir ? De jouer un double jeu ? À vous de voir ! »

Je relis le texte de Fille déprimée à plusieurs reprises. Présentée ainsi, j'ai l'air d'une fille prête à se jeter dans les bras de n'importe quel inconnu ! Je relis le texte que je lui ai envoyé. *OH ! MY ! GOD !* Ce n'est pas du tout ce que j'ai écrit ! Enfin, oui… mais pas en totalité. Et pas comme ça ! Fille déprimée a tout remanié ! Elle a gardé mon introduction (description de mon bonheur parfait avec Maax avant le début de la croisière) et ensuite, elle a utilisé mes citations dans l'ordre et dans le désordre sans publier mon texte au complet. Elle n'avait pas le droit de faire ça ! J'ai l'air de… J'ai l'air de… Oh ! Torbinouche !

Les commentaires qui suivent mon témoignage me font hérisser le poil sur les bras.

« Tu ne pouvais pas te contenter d'avoir un seul chum ? »

« Tu as embrassé Olivier alors que tu croyais qu'il avait une blonde ? Franchement ! »

« Tu es le DIABLE en personne ! »

« En tout cas, j'espère que tu as eu ta leçon. Tu es toute seule, maintenant. C'est bien mérité ! »

Les larmes me montent aux yeux et ma gorge se serre fort, très fort. Qu'est-ce qui vient de se passer ? Je voulais juste avoir des conseils ! Pas me faire lancer des roches ! Les gens ne comprennent donc pas à quel point je m'en veux ? Je n'ai pas cherché ça ! Je n'ai pas fait exprès de tomber amoureuse de deux gars en même temps. Ça ne se contrôle pas, ces affaires-là ! Si je pouvais retourner en arrière, je changerais bien des choses, c'est certain. Mais ce qui est fait est fait et je souffre déjà assez sans devoir me taper les commentaires mesquins de parfaits inconnus.

Je referme le couvercle de mon ordi d'un geste brusque et je prends mon iPod qui vient tout juste de m'informer que j'ai un message. C'est Talbot. Qu'est-ce qu'il me veut, encore ? Je ne suis pas d'humeur !

Émy-Lee, est-ce que ça va ?

Je ne réponds pas, mais ses messages se poursuivent.

Émy-Lee ! Je m'inquiète pour toi !

Dis-moi que tu es OK.

J'ai lu les commentaires sur le blogue, à propos de ton texte. Tu veux en parler ?

Quoi ? Qu'est-ce qu'il veut dire par là ? Il ne l'a quand même pas lu ?

Qu'est-ce qui te fait croire que j'ai écrit un texte ?

Je ne connais pas douze mille filles qui écrivent Émy-Lee comme toi.

Au fait, tu aurais pu changer de nom.

Comment ça, changer de nom ? Pourquoi ?

Pour garder l'anonymat. Tout le monde va te reconnaître, maintenant.

Ce n'était pas très futé de ta part.

Hé ! Je suis au plus haut niveau de déprime acceptable en ce bas monde ! Tu n'as pas le droit de me dire que je n'ai pas été futée !

N'empêche que c'est la vérité.

Ne sois pas surprise si tu reçois une foule de demandes d'amitié sur Facebook. Si j'étais toi, je vérifierais mes paramètres de sécurité.

Comment ?

Facile !

Talbot propose de m'aider et je n'ai pas vraiment d'autre choix que d'accepter. Il ne lui faut qu'une dizaine de minutes pour que je lui donne mon adresse et qu'il me rejoigne chez moi. Ensemble, on vérifie mes informations personnelles, on fait le ménage de mes photos et on optimise la sécurité dans mon compte.

Ensuite, on descend au salon (à la demande de ma mère), je le présente à toute la famille (à la demande de mon père) et je l'invite à souper (à la demande de mon frère à qui je ne suis pas capable de dire non). Pendant un moment, je me surprends à souhaiter que Talbot se sauve en courant en apercevant Liam dans son fauteuil roulant, mais sa réaction me prend totalement par surprise. Il lui tend la main en souriant, lui demande comment il va et entame la conversation comme si de rien n'était. Là, je dois avouer que je suis impressionnée !

Pendant le souper, j'ai beau faire de gros yeux à mes parents et essayer de leur faire comprendre que Talbot et moi, on ne sort pas ensemble — ET QU'ON NE SORTIRA JAMAIS ENSEMBLE —, ils ne peuvent s'empêcher de le trouver charmant. Charmant… C'est le mot qu'ils ont utilisé après son départ, mais moi, je ne suis pas de leur avis. Il est différent, bizarre, original, et pas mal intense… Mais pas charmant.

Une fois que j'ai mis ça au clair avec mes parents (qui me regardent en souriant), je remonte à ma chambre, pressée de retrouver Fille déprimée.

***

Je n'arrive pas à quitter mon écran des yeux.

Les commentaires qui se sont ajoutés après la publication de mon texte sont si méchants qu'ils ne peuvent pas provenir d'êtres humains. Je n'ai tué personne, je n'ai pas cambriolé une grande bijouterie remplie de diamants et je n'ai pas répandu un virus à travers la planète non plus. Alors quoi ? Pourquoi s'en prendre à moi de cette façon ? Ils n'ont rien d'autre à faire de leur temps, ces gens remplis de haine et de mépris ?

Je sais que je ne devrais pas les lire, mais c'est plus fort que moi. Je suis incapable d'arrêter. Si j'avais un peu plus de courage, je prendrais le temps de répondre à chacun, mais Talbot dit que ce n'est pas une bonne idée, que ça ne ferait qu'envenimer les choses. Il a peut-être raison. Je vais les laisser se défouler sans répliquer. Pas question d'accorder d'attention à Gaby24, qui me traite de tous les noms, à Yo-Mie, qui m'a écrit un texte en trois chapitres pour me faire la morale et m'expliquer les conséquences de mes actes, et à TobyL, qui me…

Oh… Mes yeux glissent sur son message et un sourire se forme au coin de mes lèves. TobyL ne me sermonne pas du tout. Au contraire, il dit qu'il me comprend et qu'il a déjà vécu une situation à peu près semblable. Ses mots sont pleins de gentillesse et de compassion. Bon… Ils sont bourrés de fautes, mais je n'en fais pas de cas. Ça fait du bien un peu de douceur parmi tant de méchanceté. Je relis son message trois fois et mon cœur se gonfle. Je dois lui répondre sur-le-champ !

« Merci, TobyL ! Tu n'as pas idée à quel point ça me fait du bien de voir qu'il y a encore des gens bien dans ce monde. »

Sa réponse est presque automatique.

« Tu ne *méritte* pas d'être *traîté* de la sorte, Émy-Lee. Je suis *sûrre* que tu *est* une fille bien. Je te souhaite *bocoup* de bonheur ! »

Wow ! Je me sens tellement plus légère ! Je le remercie et j'attends de voir s'il va poursuivre la conversation. Mais ma mère vient frapper à ma porte, signe que je dois éteindre.

Ce n'est pas grave. Ça ne me dérange pas d'aller me coucher. J'ai l'impression que je vais bien dormir, pour une fois… Ça ne m'était pas arrivé depuis longtemps…

À: Emy-Lee_Samson@coolmail.com
De: Nad@coolmail.com
Objet: Fais-moi confiance

Émy...

Je sais que ce n'est pas facile, parce que je n'ai pas toujours été très sage alors que toi, tu fais toujours ce qu'il faut au bon moment, mais cette fois, ce n'est pas du tout la même chose! Je veux seulement aider ce pauvre oisillon. Tout comme j'ai aidé le chaton que j'ai trouvé l'autre jour. (Je t'en ai parlé ou pas?)

Bref, je fais une bonne action, tu ne le vois pas? Je ne suis pas en train de me mettre dans le trouble, même si ça peut en avoir l'air. D'ailleurs, pour que tu me croies, je vais te prouver que mes intentions sont bonnes en allant voir ma TES pour lui demander ce que je devrais faire SI JAMAIS je trouvais un oiseau tombé de son nid. Et selon sa réponse, je serai fixée.

TU VOIS! Je ne suis pas du tout irresponsable! J'ai vu tes excuses et je voulais y répondre, mais je devais sortir chercher de la nourriture pour Volaille. (C'est le nom que j'ai donné à l'oisillon, c'est drôle, hein?) Finalement, j'ai lu quelque part que je pouvais lui donner du Gatorade. Bizarre, tu ne trouves pas ? J'ai aussi pris du melon à la cantine. Il a semblé apprécier.

Bref, cesse de t'en faire autant. Je vais super bien !

Ta *best*, Nad
(Future sainte…)

7

NADEIGE

Émy, je l'adore. Vraiment. Mais là, elle exagère ! C'est quoi la panique avec ce petit oiseau de rien du tout ? Il ne ferait pas de mal à une mouche (bon, mauvais exemple, puisque j'imagine que les mouches, il les mange...) et je suis certaine qu'il est en parfaite santé. Donc, qu'il ne me transmettra pas le moindre virus. Et même si ça arrivait… je veux dire, quel genre de maladies un oisillon peut-il transmettre ?

Sauf que, sur un point, elle a raison : il va falloir que je le sorte d'ici. Il ne peut pas rester dans ma chambre éternellement. Il sera malheureux et en plus je ne pourrai jamais lui enseigner à voler, moi !

Il y a aussi le fait que la direction du pensionnat risque de ne pas apprécier, mais cet argument vient en dernier. Parce que je suis rebelle, moi. Je porte des bas de différentes couleurs…

Mais surtout, je pense d'abord au bien-être de mon ami Volaille. Quel drôle de nom, d'ailleurs ! Il me fait rire à chaque fois que je le prononce. Je le tiens bien serré contre mon ventre et je caresse doucement son duvet tout en marchant sur le trottoir.

Ce soir, je dois me rendre à ma thérapie de groupe. Je suis partie un peu plus tôt afin de parler à Mathias avant que la séance débute. Il faut qu'il soit là, cette fois ! Rendue devant le centre jeunesse où se tiennent les rencontres, je piétine sur place, impatiente de le voir arriver. Qu'est-ce qu'il fait, au juste ? Pourquoi c'est si long ?

Volaille recommence à pépier et j'ouvre ma veste pour m'assurer qu'il va bien. J'aurais dû apporter un peu de melon. Je lui en aurais donné un morceau. Et j'en aurais mangé un moi aussi, parce que je commence à avoir faim ! Ce matin, j'ai pris mes médicaments, mais ils font moins effet en soirée et mon appétit se réveille toujours à cette heure.

Penchée sur l'oiseau, je sursaute lorsque la voix sèche de Mathias m'interpelle :

— Nadeige, il faut qu'on se parle !

Je relève la tête et ne peux m'empêcher de lui répondre de manière sarcastique (parce que je déteste qu'on me fasse sentir que j'ai fait quelque chose de mal !) :

— Ouin, on dirait quasiment que tu viens rompre avec moi…

— Hein ? réplique-t-il, en changeant d'air.

— Ben non, c'est une blague. De quoi tu veux me parler ? Est-ce qu'on rentre ? Il fait un peu froid, avec ce vent…

Il secoue la tête et me prend le bras pour que nous empruntions une rue non loin de là. Euh… à quoi il joue, au juste ? Et où il m'emmène ? Est-ce que… est-ce qu'il est un *serial killer* et qu'il m'entraîne dans un coin sombre pour me faire passer un mauvais quart d'heure ? Est-ce qu'il est en train de m'enlever pour me faire entrer clandestinement dans un réseau de prostitution juvénile ? (Émy, sors de ce corps avec tes idées complètement folles !) À moins qu'il ne soit sur le point de…

— J'habite tout près et je veux te montrer comment j'ai installé ton chat, me dit-il.

… de me montrer mon chat ?! Oups, c'est un peu moins dangereux que ce que je croyais, en fin de compte. (Mais aussi, beaucoup moins excitant !)

— Comment il va, au fait ? Il s'est bien adapté à ta maison ?

— Eh bien… je n'irais pas jusque-là…, marmonne-t-il, les sourcils froncés.

Nous nous arrêtons enfin devant un petit bungalow et Mathias passe par la porte arrière pour me guider jusqu'à… sa chambre ? Je croyais qu'il avait installé le chaton dans le garage. Je voudrais le questionner, mais le bruit de petites griffes sur la porte de son placard attire mon attention. Aussitôt, je pose les mains sur mes hanches, sans pouvoir y croire.

— Tu as enfermé mon chat dans ton placard ? Tu es bien sans-cœur ! Pauvre petit, il doit paniquer !

Je le tasse afin d'aller secourir pour la deuxième fois mon chaton et le serrer contre moi. Mais j'avais mal anticipé sa réaction, puisqu'en reniflant l'oisillon, le chat essaie de rentrer dans ma veste pour l'attraper. Je le lâche et il retombe par terre en miaulant.

— Hé ! Tu vas lui faire mal ! s'exclame Mathias, en se penchant pour voir si le chat va bien.

— Pas de panique, un chat, ça retombe toujours sur ses pattes, non ?

— Pas les bébés.

— De toute manière, c'était ça ou le laisser dévorer Volaille !

— Volaille ?! répète Mathias, en fronçant les sourcils.

Je ne lui réponds pas et ouvre plutôt ma veste afin de lui montrer de qui il s'agit. Aussitôt, il secoue la tête, découragé.

— Attends… tu as ramassé un oisillon cette fois ? Mais qu'est-ce qui ne va pas chez toi ?! En plus, je voulais te dire que ton chat, je ne peux pas le garder. Il fait ses besoins partout et je ne peux pas le laisser dans le garage parce que mes parents vont le voir et faire une crise. C'est pour ça qu'il est dans le placard. Tu dois le reprendre.

— Non, c'est impossible. J'habite dans un pensionnat, tu le sais bien ! Je n'aurai jamais le droit de l'emmener là-bas.

— Dans ce cas, va le porter au chenil.

— Pas question ! En plus, les chenils, c'est pour les chiens ! Et il paraît qu'ils les euthanasient parce qu'ils en ont trop ! Tu accepterais de faire tuer cette petite boule de poils ?

Mathias soupire en jetant un œil au chat. Il serait peut-être temps de lui donner un nom, à celui-là. Le voilà qui ouvre justement la bouche et émet un mignon petit feulement (mot utilisé lors de ma dernière partie de scrabble, il y a un siècle de cela…) très peu impressionnant. Hum… juste pour l'ironie de la chose, je m'exclame :

— Tigre ! On va le baptiser Tigre. Qu'est-ce que tu en dis ?

— C'est tout ce qui t'intéresse, en ce moment : lui trouver un nom ?! Nadeige, rappelle-moi pourquoi tu dois suivre cette thérapie de groupe, déjà ?

Je me rembrunis et rétorque :

— Tu sais très bien pourquoi je dois y aller. Mais toi, tu ne m'as pas dit ce que tu faisais là, au juste…

— Ah non, ce serait trop facile. Si tu veux en savoir plus, il va falloir que tu écoutes ce que je raconte, la prochaine fois que je prendrai la parole.

Je grimace, puis m'assois sur son lit, sans trop savoir quoi faire. Si Mathias n'est plus prêt à s'occuper de mes animaux abandonnés, je suis un peu coincée. Je ne vais pas les remettre dans la nature comme ça. Ils se feront dévorer en moins de deux ! (Ça, c'est si Tigre n'a pas déjà mangé Volaille avant qu'un autre prédateur se pointe…)

Mathias prend place à côté de moi et je sens son épaule toucher la mienne, tandis qu'il tient toujours Tigre dans ses bras. Celui-ci essaie aussitôt de sauter sur Volaille, ce qui nous fait bien rire. Visiblement, ces deux-là ne sont pas sur le point de devenir amis…

Une sonnerie résonne alors dans la pièce. Elle semble provenir de Mathias, qui se tortille alors pour attraper son cellulaire. En regardant le message qui vient de rentrer, il grommelle entre ses dents :

— Oh non, on est en retard pour la thérapie. Et j'ai déjà manqué celle de la semaine passée parce que j'étais malade. Allez, viens !

Il me prend par le coude pour que je me relève, mais je résiste en pointant les animaux :

— Mais on fait quoi avec eux ?

Mathias hausse les épaules, puis finit par se résoudre :

— Ben… je vais remettre ton chat dans le placard…

— Il s'appelle Tigre !

— D'accord, Tigre… Et pour ton oiseau…

— Vol…

— Oui, oui, Volaille ! Lui, installe-le dans un tiroir de ma commode. Tu reviendras le prendre plus tard. Pour l'instant, on doit surtout se dépêcher. Allez, GO !

Je ne sais pas si c'est le fait qu'il soit plus vieux que moi (ça m'étonnerait, car je ne me laisse pas impressionner pour si peu…), qu'il me donne un ordre sans hésiter (encore là, ce n'est sûrement pas pour ça) ou parce qu'il ne me laisse même pas le choix (je ne vois pas ce que ça pourrait être d'autre), mais j'obéis sans rouspéter. Je couche Volaille entre les bas et les caleçons de

Mathias (*j'aurais dû choisir un autre tiroir !*), puis je rejoins ce dernier près de la porte.

Une fois dehors, nous courons aussi vite que nous le pouvons (*avec ses longues jambes, il me dépasse largement, mais il a au moins la délicatesse de m'attendre...*). Mathias me laisse même passer devant lui et nous déboulons dans la salle où se tiennent les rencontres les joues rouges et le souffle court. Une fille se met à pouffer en nous apercevant, puis elle se tourne vers sa voisine de droite pour murmurer quelque chose.

Je ne me fais pas d'illusions sur l'air que nous devons avoir… Ça ne me plaît pas du tout, par contre ! Mathias et moi, nous n'entretenons absolument pas ce genre de relation ! Il ne fait que me rendre service. En plus, il l'a dit lui-même, je ne suis pas son type de fille. Quoique, même si c'était le cas, ça ne me ferait AUCUN effet !

Mathias, il est totalement à l'opposé de ce qui me plaît chez un garçon. Bon, je n'ai jamais fait de listes sur les qualités que doit avoir le garçon de mes rêves non plus (*ce serait troooop le genre d'Émy-Lee de faire ça !*), mais je peux tout de même essayer.

LISTE DES QUALITÉS DU GARÇON PARFAIT

1. Ne pas me dire quoi faire.
2. Ne pas me juger quand je fais des trucs idiots.
3. Ne pas me dire « qu'il le savait ».
4. Ne pas me parler bête.
5. Ne pas me parler trop doux non plus.
6. Ne rien dire de négatif sur ma *best*.
7. Ne... (Je ne sais plus quoi mettre sur ma liste.)

Ouais, plus j'y pense, plus ma liste est ridicule. Au fond, la seule chose qui me dérange, c'est un gars qui essaie de me contrôler. Pour le reste, je ne suis pas difficile ! (Je vous le jure !) Pourquoi je n'ai jamais eu de chum avant Sasha, alors ? (Simplement parce que ça ne me tentait pas ! Point final !)

Bref, Mathias, il ne rentre pas dans ma liste parce que, dès le premier point, il échoue. En plus, il me juge pour les stupidités que je fais et il me parle bête. Donc, zéro mon style. Sans compter que je ne suis pas pour sortir avec un gars qui suit une thérapie de groupe ! Ça ferait tellement « désespérée »… Ce que je ne suis pas !

OK, moi aussi je fais une thérapie, mais dans mon cas, c'est différent : je suis obligée. Lui, il en fait une parce que… pourquoi il en fait une, au juste ? Tout en réfléchissant à cela, je me suis assise sur une des chaises encore disponibles, juste à côté de Mathias. Et je constate, en revenant à la réalité, qu'il s'est mis à parler.

Oh… c'est le moment idéal pour en apprendre davantage sur lui ! Je tends donc l'oreille et me concentre du mieux que je le peux. (Même si mon ventre vide ne me rend pas la tâche facile…)

— Donc, voilà… merci de m'avoir écouté, termine Mathias.

Torbinouche, comme dirait Émy ! J'ai tout manqué ! Je ronchonne tout bas et lui lance un regard frustré, qu'il me rend bien, d'ailleurs. Je voudrais lui demander de me répéter ce qu'il vient de dire, mais Carole, la psy, se tourne justement vers moi pour que je prenne la parole à mon tour.

Je lève les yeux au ciel, pas trop encline à raconter ma vie à tous ces inconnus, et marmonne, pour la forme :

— Je suis restée au pensionnat tout le week-end dernier, c'était l'enfer, je me suis ennuyée de ma meilleure amie à mourir et je me suis tourné les pouces durant quarante-huit heures. Voilà. Merci de m'avoir écoutée, ce sera tout.

Puis, je me renfonce dans mon siège, les bras croisés. Je remarque Mathias qui secoue la tête, à côté de moi, découragé, mais je m'en contrebalance. Cette thérapie est une perte de temps. C'est seulement parce que mes parents me menacent de reprendre mon ordinateur que je viens encore ici.

Carole me fait un gentil sourire et je croise les doigts pour qu'elle passe à sa prochaine cible, mais ce n'est pas le cas, puisqu'elle reste plantée là, à me regarder. (Quoi?! Elle veut ma photo?) Je jette des coups d'œil à droite, puis à gauche. Ils sont tous en train de me regarder, en fait. Et ils attendent...

Bon, ça va, je vais me forcer!

— OK, OK, changez d'air! Je n'ai rien à dire d'intéressant parce que ma vie est plate. La vôtre est sûrement pas mal plus passionnante, j'en suis sûre. Quelqu'un veut raconter un truc? Non...? Mais vous le faites exprès ou quoi? Je n'ai rien à...

— Pourquoi tu ne nous parles pas de ton intérêt pour les animaux abandonnés… ? me coupe alors Mathias, me donnant ainsi le goût de l'étriper.

— Parce qu'il n'y a strictement rien à dire sur le sujet ! lui dis-je, les dents serrées.

Une fille assise à deux bancs de moi se redresse et demande :

— Des animaux abandonnés ? Tu as trouvé un chien ? Ma voisine a perdu le sien et…

— Non, non, c'est juste un chaton qui miaulait dans la ruelle, pas loin d'ici, leur dis-je sans me rendre compte que je suis en train de leur dévoiler ce qu'il en est.

— Ah oui ? J'adore les chats. Le mien vient de mourir de vieillesse et ma mère m'a promis d'aller en acheter un autre très bientôt. Tu comptes en faire quoi, de ton chat ? me questionne une autre fille.

Je fais la moue, mais Mathias me donne un coup sur l'épaule. Je tourne la tête vers lui et il soulève ses sourcils rapidement. Je comprends enfin le message et reviens à la fille pour suggérer :

— Ben… est-ce que tu aimerais le voir ? Si tu veux… on lui cherche justement un foyer, alors…

Elle se met à sourire de toutes ses dents, emballée. C'est Mathias qui va être content de se débarrasser de Tigre. Tous les autres commencent à me poser mille et une questions sur le chaton et sur les autres animaux que j'ai trouvés.

— Wo, minute ! L'autre animal, c'est juste un oisillon qui est tombé de son nid. Mais je ne sais pas trop quoi faire avec, parce que je ne suis pas une experte et...

— Mon père travaille dans un centre de réadaptation pour oiseaux sauvages. Tu aimerais que je lui parle de ton oisillon ? m'offre un garçon plutôt gêné qui ne prend que rarement la parole.

Je hoche la tête, surprise de découvrir qu'ils sont tous prêts à m'aider. Non... ce n'est pas moi qu'ils veulent aider, mais plutôt les animaux. La psy semble avoir perdu le contrôle du groupe, puisqu'elle se met debout et lève les mains devant elle pour nous rappeler à l'ordre.

— D'accord, c'est un très beau geste de ta part, Nadeige, de vouloir t'occuper des animaux perdus et je t'en félicite. Mais tu dois aussi songer aux règles à ne pas enfreindre... Car si je me fie à ton passé, c'est surtout sur ce point que tu dois travailler, n'est-ce pas ?

J'acquiesce, même si je trouve qu'elle a le don de me remettre le nez dans mes problèmes. Elle se rassoit alors et donne enfin la parole à un autre. Et pour la première fois, tandis que quelqu'un parle, Mathias se penche vers moi et au lieu d'écouter ce qui se dit, il me murmure :

— Bravo, Nadeige. Tu vois bien que, quand tu veux, tu en as des choses à dire. Et en plus, ça intéresse tout le monde…

Je sens mes joues devenir rouges. Moi qui déteste devoir entrer en relation avec les autres, disons que mon expérience de thérapie de groupe est loin de ce que je m'étais imaginé, en fin de compte…

Émy ! Tu vas être fière de moi…

Quoi ? Tu as réussi à mettre deux bas de la même couleur ? 😉

Mais non ! Tu n'y es pas.

C'est à propos de mon oiseau abandonné et du pauvre petit chaton…

Laisse-moi deviner : tu t'es acheté un sac ventral (tu sais, le genre de sac pour porter les bébés), et là, tu t'apprêtes à traîner tes bestioles partout où tu vas. Même aux toilettes !

Encore une fois, tu me juges bien mal, je trouve.

Puisque je t'aime, je te laisse une chance de te reprendre…

Je ne sais pas, moi… Tu as aussi adopté un chien errant, un écureuil affamé et un mouton qui a perdu sa maman ? Tu penses à t'acheter un gros bateau et sauver l'espèce animale au complet ?

Tu as trop d'imagination, Émy!
C'est beaucoup plus simple: j'ai trouvé quelqu'un à qui remettre le chat!

Ah. Cool!

Il y a une fille dans mon groupe de thérapie qui le voulait, alors je lui ai donné.

Et pour mon oisillon, je l'ai remis à un organisme qui s'occupe de réintégrer les oiseaux dans la nature. Tu VOIS comme je suis responsable!!!

OK, Mathias m'a un peu beaucoup forcée à aller le porter là-bas, mais même sans lui, je l'aurais fait!

Mathias? C'est qui, lui?

Qui est Mathias? Ben… c'est juste un gars.

Juste un gars? Je ne te crois pas! Si c'était «juste un gars», comme tu dis, tu ne prendrais pas la peine de le nommer. Pas ton genre.

Raconte !

Y a pas grand-chose de plus à dire.

Ce n'est pas mon ami, de toute manière. Et je le connais à peine.

Peut-être, mais dans un univers scolaire presque entièrement constitué de filles (à part une couple de profs, j'imagine, mais ça, ça ne compte pas !), la présence d'un gars ne peut pas faire de tort, non ? On a toujours besoin de la gent masculine. Est-ce qu'il est mignon ?

NON, il n'est pas mignon !

Et JAMAIS je ne vais remplacer Sasha par un gars comme Mathias ! Pff...

Ce n'est pas du tout le même calibre.

OK. Je comprends !

Désolée, je ne te parle plus de Mathias.

En tout cas, j'espère qu'il n'est pas aussi collant que Talbot, parce qu'il ne me lâche pas d'une semelle, celui-là ! Je pense qu'il a peur que je fasse une dépression, ou quelque chose du genre.

Encore celui-là ? C'est à croire que tu as remplacé Maax par Talbot !

Je fais ce que je peux avec ce que j'ai ! 😉

D'ailleurs, je dois te laisser. J'ai promis de l'aider pour sa production écrite. On se reparle demain après l'école ?

Je ne sais pas si je vais pouvoir t'écrire. J'ai pris un peu de retard dans mes devoirs, à cause de tous ces animaux abandonnés. Je te donne des nouvelles dès que je peux.

À plus tard !

Oui, à + !

8

ÉMY-LEE

Je fais tout un saut quand Talbot se pointe à côté de moi en sautillant comme un enfant. Qu'est-ce qu'il veut, encore ? Ce matin, il a couvert ma surface de travail de bonshommes sourire, dans le cours de sciences. Hier, il m'a chanté une chanson à répondre devant toute l'école. (C'était hyper embarrassant, et évidemment la greluche était morte de rire !) Et avant-hier, il a insisté pour que je mange avec lui et ses amis au local du journal étudiant. Résultat : j'ai passé l'heure du lunch à lever les yeux au ciel en les écoutant raconter n'importe quoi, ce qui a fini par me couper l'appétit.

Je le trouve très gentil et je sais qu'il fait son possible pour me remonter le moral, mais Talbot étant Talbot, ce n'est pas toujours très réussi. Alors je ne suis pas très rassurée quand je le vois arriver avec un grand sourire.

Il me tend la main et me prie de le suivre.

— Euh… Tu me fais peur. Qu'est-ce qu'il y a ?

— Viens avec moi et ne pose pas de questions ! m'ordonne-t-il.

— Je ne peux pas. Je suis occupée.

— Non ! lâche-t-il, le regard soudainement plus sévère. Correspondre avec des inconnus sur un blogue, ce n'est pas ce que j'appelle être occupée. Il y a une vraie vie en dehors d'Internet, Émy-Lee !

— Je le sais bien, qu'est-ce que tu crois ? Je ne suis…

— Tais-toi et arrive !

Talbot prend mon portable dans une main, mon bras dans l'autre et m'entraîne à sa suite sans que j'aie le temps de réagir. Où m'emmène-t-il ? On traverse le corridor principal, on passe devant le local du journal étudiant, l'agora et les toilettes des garçons. J'ai compris : on se dirige vers la salle des casiers. C'est toujours bondé de monde à l'heure du dîner, mais là, on dirait qu'il y a un attroupement devant ma case. Pourquoi ? Qu'est-ce qui se passe ?

Talbot me sourit fièrement et demande aux curieux de se pousser. Ce que je vois est juste… C'est… Wow ! Un magnifique temple chinois a été peint sur la porte de mon casier. Les couleurs sont belles, vives.

— Qui a fait ça ? fais-je, en étirant le bras.

— C'est moi, m'apprend Delphine en levant un doigt taché de peinture. Ne touche pas, ce n'est pas encore sec.

— Incroyable… Ça semble si réel… je ne savais pas que tu peignais si bien.

— Bof… Sasha m'a aidée.

— Sasha ?

Je tourne la tête à la recherche de l'ex de ma *best*. Il est bien là, juste devant moi, les mains dans les poches et les yeux brillants.

— J'ai seulement convaincu mon père que c'était une bonne idée, dit-il pour se justifier en haussant les épaules. Ça n'a pas été très difficile, les casiers sont affreux. Il n'avait pas de raison de refuser.

Sur ce, il me fait un clin d'œil et me sourit gentiment. Pendant ce temps, Talbot s'approche de moi et murmure à mon oreille :

— Je voulais te faire une surprise, Émy-Lee. Je me suis dit que ça te remonterait le moral de revoir les couleurs de ton pays. Tu dois tellement t'ennuyer…

— Je n'ai aucun souvenir de la Chine, Talbot, dis-je en inclinant la tête pour m'éloigner de lui. Je n'étais qu'un bébé quand je suis arrivée ici.

— Ce n’est pas grave. Je suis sûr que ton subconscient s’ennuie, lui.

Je ne sais pas si mon subconscient s’ennuie, mais, chose certaine, il est reconnaissant. C’est de loin la meilleure idée qu’a eue Talbot jusqu’à présent. Grâce à lui, j’ai la plus belle case de l’école. Et je souris. Et je me sens aimée, ce qui n’est pas rien, ces temps-ci.

Je serre Delphine dans mes bras et je remercie Sasha d’un hochement de tête. Il me sourit à son tour et fixe le sol, le visage rougi. Je sais à quoi il pense quand il me voit. En fait, je sais à QUI il pense. Nadeige. Il l’aime encore, ça crève les yeux, mais on n’est pas assez proches pour qu’il se confie à moi. De toute façon, je n’y tiens pas. J’ai assez de problèmes comme ça.

***

Devoir de math. Ouache ! Étude pour mon examen de sciences. Yark ! Production écrite en français. Trop ennuyeux !

Mes soirées se suivent et se ressemblent tellement qu’il m’arrive de ne plus savoir quel jour on est, ni même quel mois... J’ai hâte à l’été. Hâte que ma BFF sorte de cette fichue école et qu'on passe des semaines entières à profiter du temps qu'on a ensemble. Et si on est chanceuses, on pourrait peut-être même se retrouver dans la même école, l'année prochaine ! Oh ! Ce serait tellement génial ! Mais en attendant, je dois passer à travers la fin d'année avec tout ce que ça implique : devoirs, étude, devoirs, étude, devoirs, étude et finalement, examens.

J'en suis à retranscrire ma production écrite au propre, mais j'ai beaucoup de mal à me concentrer. Je n'ai qu'une seule envie, aller voir si TobyL m'a écrit à nouveau. J'aurais bien vérifié à mon retour de l'école, mais mes parents trouvent que je passe trop de temps à l'ordinateur. Nouvelle règle à la maison : pas le droit d'utiliser l'ordi avant le souper. Pff ! On dirait qu'ils ne me font plus confiance !

Ça ne sert plus à rien de travailler, j'ai le cerveau aussi mou qu'un pouding à la vanille. Si ça continue, il va me sortir pas les oreilles. Contente de faire une pause, j'ouvre mon journal intime et prends quelques notes ici et là. Ça, c'est le genre de production que j'aime. Un tas de pensées attrapées au vol et lancées sur les pages d'un cahier.

TobyL, tu me fais du bien,
Le nier ne me sert à rien.
Ouvre-moi vite ton cœur,
Et découvrons le bonheur.

OK. Je ne gagnerai pas le concours international de poésie, c'est certain! Faire rimer « cœur » et « bonheur » est tellement cliché que je me fais rire moi-même. En plus, je ne vois pas pourquoi je m'imagine vivre un grand bonheur avec TobyL alors que je ne le connais même pas. Tout ce que je sais de lui, c'est qu'il suit le même blogue que moi, qu'il est toujours très gentil dans ses commentaires et qu'il m'aide à me sentir bien. Si ce n'est pas un ami, je me demande ce que c'est!

Je ferme mon journal et je rejoins mon frère et mes parents dans la salle à manger. Ça sent vraiment bon, mais je ne suis pas super affamée. J'ai mangé une tablette de chocolat en revenant de l'école et ça m'a un peu coupé l'appétit... (Quoi? Le chocolat est reconnu pour ses vertus stimulantes et sa capacité à augmenter la concentration. J'avais UN TAS de devoirs!) Je me contente donc d'une soupe aux légumes et de deux ou trois craquelins.

— Tu vas manger un peu plus que ça, hein ? me demande maman, suspicieuse.

— Tu dois te nourrir, me sermonne papa, inquiet. Tu es en pleine croissance, Émy-Lee.

— En pleine croissance, sérieusement ? dis-je, à demi étouffée. J'ai dû gagner le tiers d'un centimètre dans les deux dernières années !

— Ton corps subit un tas de transformations, ma puce, me dit maman, le ton doux. Tu dois prendre soin de toi si tu ne veux pas…

— Je vais parfaitement bien ! Je ne me laisserai pas mourir de faim, quand même !

Je n'avais pas l'intention de lui couper la parole, mais je n'en peux plus de tous ces gens qui s'inquiètent constamment à mon sujet.

— Reste polie, je t'en prie, me reprend mon père. On veut seulement que tu saches…

— Que vous m'aimez. Oui, je le sais, vous me le dites tous les jours. Que vous vous inquiétez pour moi. Ça aussi, vous me le dites tous les jours. Que vous voulez seulement mon bien, que c'est plus fort que vous, que vous êtes mes parents et que vous resterez mes parents jusqu'à la fin de vos jours. C'est bon, j'ai compris ! Est-ce que je peux sortir de table, maintenant ?

Maman me dévisage comme si j'étais la pire créature sur terre tandis que mon père me fait signe de m'en aller, découragé. Alors que je monte à ma chambre, j'entends Liam leur demander pourquoi je suis toujours de mauvaise humeur. Je m'arrête dans le haut des marches, un peu honteuse, puis je continue mon chemin jusqu'à mon lit. J'allume mon ordinateur et constate vite que je n'ai aucun message de TobyL. Zut !

Je navigue un instant sur le blogue *L'ABC de la fille déprimée*, mais il n'y a rien de nouveau depuis ce midi. J'ouvre donc Facebook : j'ai une bonne dizaine de demandes d'amitié. Étrange… Ce sont tous des noms que je ne connais pas. Au départ, je repense aux paroles de Talbot : « Ne sois pas surprise si tu reçois une foule de demandes d'amitié sur Facebook. Si j'étais toi, je vérifierais mes paramètres de sécurité. »

Ça m'inquiète un peu. Ces gens m'ont-ils tous suivie sur le blogue ? Veulent-ils vraiment qu'on soit amis sur Facebook pour mieux m'insulter ? Ça fait quand même un moment que mon texte a été publié, ils sont en retard dans les nouvelles…

Mais en consultant ma boîte de messagerie, je vois que chacun d'eux m'a écrit en privé. Aucune insulte. Aucun jugement. Aucun gros mot. Au contraire, tout le monde est très gentil. On me félicite pour ma case, on me dit qu'on aimerait apprendre à me connaître davantage. Il y a même un gars et une fille qui souhaitent que je réintègre le club d'athlétisme. Et le dernier message (et non le moindre) provient d'un certain Toby.

« Salut Émy-Lee ! Bien content de te retrouver sur Facebook. J'espère que tu vas accepter ma demande d'amitié. Bonne journée ! ☺ »

Torbinouche ! Je suis trop curieuse ; je m'empresse d'accepter sa demande. Comme sa photo de profil ne montre qu'une paire de chaussures Vans, je clique sur son profil pour découvrir ses autres photos. Oh ! Est-ce que c'est lui, ça ? Il est beau. Je dirais même qu'il est archi-ultra-méga beau ! Peut-être même plus que Maax. Et qu'Olivier ! Et que tous les gars de mon école. En quelle année peut-il bien être ? Hum… difficile à dire. Je dirais qu'il est à peu près de mon âge. J'essaie d'obtenir plus d'informations à son sujet, mais je ne vois ni son nom de famille, ni sa ville, ni son école. Et c'est normal. Il se protège. On le fait tous (même moi, depuis que Talbot m'a enseigné comment faire).

Je continue à fouiller son profil et j'apprends qu'il écoute des groupes de musique que je ne connais pas trop, qu'il joue au soccer, qu'il fait du skate et qu'il aime les films d'horreur. Ouf! Rien que d'y penser, j'en ai des frissons dans le dos. Les films d'horreur et moi, on ne s'entend pas très bien. Mon cerveau sait qu'il s'agit de trucages et de faux sang, mais je n'y peux rien. Dès que je vois des organes internes ou des membres arrachés, je blêmis et je m'imagine à la place de la pauvre victime... et là, je manque de perdre connaissance.

Ce n'est pas grave! Ça ne m'empêche pas de répondre à Toby.

Merci pour ta demande!
Comment ça va?

Déjà, la messagerie m'indique qu'il est en train de taper sa réponse. Oh! Je sens que je vais passer une belle soirée!

Dis-moi, Nad, as-tu déjà correspondu avec des inconnus sur le Net?

Des inconnus? Émy, j'ai de la misère à parler aux gens que je connais, alors imagine les inconnus!

Et c'est quoi cette question, d'abord?

Je demande ça comme ça...

Minute! Ne me dis pas que tu t'es inscrite sur un site de rencontres?!?

Quoi? Non! Je ne suis pas désespérée à ce point! De toute façon, il faut avoir dix-huit ans pour s'inscrire...

Et comment tu sais ça? C'est top louche, ton truc!

OK. J'avoue, je me suis informée. Mais c'était juste par curiosité.

Les hommes de trente ans, très peu pour moi! Alors? Ça t'est arrivé ou pas?

Je t'ai déjà répondu ! C'est ridicule !

Et en plus, hyper dangereux ! On ne parle pas aux inconnus, que ce soit sur Internet ou ailleurs ! Si je me rends compte que c'est ce que tu fais, ça va mal aller !

Hé ! Du calme ! Je ne suis pas inconsciente, quand même !

Je fais attention !

Attention, mon œil ! Tu n'as aucune idée dans quoi tu mets les pieds, toi !

Si c'est pour jouer à la mère avec moi, je préfère ne plus rien te dire.

Parle-moi de tes animaux, tiens ! Non. Mauvaise idée.

J'ose à peine imaginer ce que ça peut sentir dans ta chambre…

Ça ne sent rien du tout !

Et je n'ai même plus d'animaux dans ma chambre !

Je suis trop en colère contre toi pour te parler !

Va donc jaser avec tes « inconnus », moi, j'ai d'autres « chats » à fouetter !

Bye !

9

NADEIGE

J'aimerais pouvoir dire que l'idée vient de moi. Que je n'ai été influencée par personne. Bref, que je suis 100 % responsable de cette bonne action que je m'apprête à faire…

Sauf que j'ai bien des défauts (j'avoue), mais celui d'être menteuse n'en fait pas partie (à moins que les mensonges par omission soient réellement des mensonges, ce dont je doute encore fortement). Mais je m'égare…

Depuis au moins dix minutes, je fais le pied de grue devant le bureau de Margot, en attendant qu'elle revienne de je ne sais où. Elle devrait être là ! Elle m'a juré qu'elle serait TOUJOURS disponible pour moi ! Pourtant, quand j'ai besoin de lui parler, elle joue à cache-cache avec moi ! Grrr…

Je fais quelques pas d'un côté, puis je reviens vers sa porte. Je saute sur place, je donne deux ou trois petits coups de poing dans les airs, je me tourne et je…

— Aaaaaaah !

— Hé ! Fais attention, Nadeige, tu aurais pu me blesser. À quoi tu joues, au juste ? me demande Margot, qui m'observe d'un drôle d'air.

— Désolée ! Je t'attendais, en fait. Et comme c'était suuuuuper long, il fallait que je bouge.

— Ça n'a pas dû être si long, quand même, me répond-elle en m'ouvrant la porte de son bureau. J'étais seulement partie aux toilettes.

YARK ! Info absolument pas nécessaire ! Je plisse le nez et Margot sourit en voyant ma réaction. Elle me fait ensuite signe d'entrer dans la pièce et m'emboîte le pas.

— Bon, de quelle manière je peux t'aider, au juste ? Tu n'es pas du genre à te pointer devant mon bureau sans raison…

Je me laisse tomber sur une chaise et me lance dans le vif du sujet. Il faut dire que je n'ai jamais aimé prendre mille et un détours…

— Je veux faire du bénévolat ! J'ai donc besoin d'une permission spéciale pour sortir du pensionnat plusieurs fois par semaine. Il faudrait me signer un papier aujourd'hui, parce que j'ai prévu en faire ce soir. Alors, penses-tu pouvoir te dépêcher ? Je peux rester là le temps que tu l'écrives, mais pas trop longtemps, parce que les cours reprennent dans…

Margot lève la main devant elle et me stoppe, le regard perplexe :

— Minute, Nadeige. Avant que je te signe quoi que ce soit – et de toute manière, ça ne fonctionne pas comme ça –, j'ai aussi besoin de l'accord de la direction. Et il faudrait que tu me donnes un peu plus de détails, tu ne crois pas ? Qu'est-ce que c'est que cette histoire de bénévolat ?

— Comment ça, tu ne pourras pas me signer de permission ? J'en ai vraiment besoin !

Ma TES me fait de gros yeux et je pousse un long soupir, avant de reprendre :

— OK, je t'explique : durant ma dernière séance de thérapie, les autres jeunes qui sont là m'ont dit que je semblais vraiment aimer les animaux. Ce qui est la vérité, mais je ne le savais pas réellement, puisque mes parents n'ont JAMAIS voulu que nous en ayons un. C'est à cause de cette vieille histoire datant d'une éternité où je n'aurais soi-disant pas bien surveillé le chien de la voisine, qui s'était sauvé et fait frapper par... Désolée, c'est sans intérêt, tout ça.

Margot hoche la tête, se retenant visiblement pour ne pas rire.

— Donc, ils m'ont suggéré d'aller faire du bénévolat auprès des animaux. Les jeunes de mon groupe de thérapie, je veux dire. Je ne savais même pas que je pouvais faire une chose pareille ! En plus, faire un truc gratuitement, moi, ce n'est pas tellement mon genre… Mais bon, leur idée n'est pas bête, en fin de compte, parce que, si je vais donner mon nom au refuge animal du quartier, je pourrais peut-être me rendre utile…

Froncement des sourcils de Margot qui m'invite à continuer.

— J'avoue, ce n'est pas mon but premier. En fait, j'aimerais surtout me désennuyer et si, en plus, ça aide, ben pourquoi pas ?! Pis… je n'ai pas d'amis, ici, et quand je n'ai rien à faire, c'est connu, je fais des stupidités. Et ça, personne ne le veut ! Alors… ma permission ?

Un soupir accueille ma demande. Puis, Margot m'explique :

— Écoute, Nadeige, avant de te donner la permission de faire quoi que ce soit, je dois avoir l'accord de tes parents. Si ceux-ci acceptent, ensuite nous pourrons présenter ta demande à la direction, qui décidera si tu es assez responsable pour avoir le droit de sortir.

— Ben voyons ! C'est pour faire du bénévolat ! Pourquoi ils diraient non ?!

— Je ne dis pas qu'ils vont refuser, je dis juste que nous devons respecter les étapes.

Je me renfrogne, un peu découragée, avant de demander :

— D'accord, alors je fais quoi, pour le moment ?

— Appelle tes parents. S'ils trouvent que c'est une bonne idée, dis-leur de communiquer avec moi. Je m'occuperai du reste. Je ne veux pas te décourager, tu sais. C'est une très belle initiative de ta part, mais tu dois apprendre à être moins pressée.

— Facile à dire…

— De toute manière, si tout le monde s'entend sur ton projet, d'ici la fin de la semaine, tu devrais avoir le droit d'y aller. Ça va te donner le temps d'appeler au refuge pour offrir tes services, de t'informer de leurs besoins et aussi de te fixer des objectifs.

Je me redresse, sans comprendre de quoi elle parle.

— Des objectifs ?

— Oui. Habituellement, lorsqu'on veut faire du bénévolat, on doit se questionner sur les raisons qui nous poussent à nous investir. Et sur ce que ça nous apporte. Ce genre de choses…

Penses-y, ce sera intéressant pour toi d'en discuter durant tes séances de thérapie.

J'acquiesce, pas certaine d'avoir saisi ce qu'elle veut dire, puis je me relève. Je dois appeler mes parents au plus vite, sinon je ne pourrai pas avoir ma permission avant la semaine prochaine ! Et j'ai hâte d'aller au refuge. Surtout que Mathias a accepté de m'accompagner. (En fait, ça faisait partie de ses arguments pour me convaincre de m'investir dans la communauté.) Puisque c'est la seule personne avec qui j'ai réussi à tisser des liens d'amitié depuis mon arrivée dans le coin, disons que mon bénévolat me permettra de me désennuyer en sa compagnie ET de m'amuser avec des petits animaux.

ET ÇA N'A **STRICTEMENT** RIEN À VOIR AVEC LE FAIT QU'IL EST PLUTÔT MIGNON !

De toute manière, il ne l'est même pas !

OK… peut-être un peu. Mais pas tant que ça.

En moins de temps qu'il n'en faut pour que je termine une assiette remplie de bacon, je cours vers le secrétariat. Une fois sur place, je demande à la dame derrière le bureau si je peux utiliser son téléphone. Elle m'explique gentiment comment utiliser la ligne téléphonique (je ne suis pas stupide, franchement !) et je ne l'écoute donc qu'à moitié.

Une fois l'appareil entre les mains, je compose le numéro de chez moi, mais rien ne fonctionne. Voyons ! Il est brisé, son téléphone ! Je raccroche et recommence, mais rien à faire. De plus en plus impatiente, je me mets à grommeler de frustration, quand une main se pose sur le combiné. Je lève les yeux et rencontre ceux de la secrétaire, visiblement amusée par mon comportement.

— As-tu écouté au moins un mot de ce que je t'ai dit ? me demande-t-elle, en haussant un sourcil.

— Ben... ce n'est pas sorcier de faire un appel, tsé. J'ai juste à...

— Non, c'est ça ton erreur. Tu dois d'abord peser sur le chiffre neuf avant d'avoir la ligne. Regarde...

Et de son doigt, elle appuie sur la touche. Pendant une fraction de seconde, je me sens un peu stupide, mais ça me passe très vite, car je suis déjà en train de composer pour la troisième fois mon numéro. La sonnerie résonne deux coups à mon oreille avant que ma mère réponde.

— Allo ?

— M'man ?! C'est Nadeige ! Je...

— Tu es au courant que je n'ai qu'une fille, ma grande ? À partir du moment où tu dis « maman », il y a peu de chances que je ne te reconnaisse pas…

— Euh… ouais. Je t'appelle pour te demander un service, en fait.

— Oh, Nadeige ! Qu'est-ce que tu as encore fait ? Ça allait si bien, depuis quelques semaines ! se fâche ma mère.

Je la coupe aussitôt, avant qu'elle me sermonne plus longtemps.

— Je n'ai rien fait ! Je veux juste avoir une permission spéciale pour sortir du pensionnat.

— Une permission ? Non, il n'en est pas question, voyons ! Tu n'as aucune raison de sortir de là, à part pour aller à tes séances de thérapie, refuse net ma mère, pour mon plus grand malheur.

— Mais maman… !

— Il n'y a pas de « mais ». D'ailleurs, je te trouve très présomptueuse de même oser me poser la question !

— Présomptueu… ?

— Tu n'es pas gênée, quoi ! Franchement, Nadeige, ce n'est pas un mot si compliqué…

— Peu importe, maman, il faut que tu m'écoutes jusqu'au bout. Laisse-moi au moins une chance de t'expliquer !

Elle ronchonne et je sens que je n'aurai pas droit à plus de quelques secondes. Je me lance donc rapidement.

— J'aimerais faire du bénévolat au refuge animal de la région. Il paraît qu'ils cherchent toujours de l'aide et tu sais comme j'aime les animaux…

— Tu n'as jamais aimé les animaux…

— Ça, c'est parce que tu ne m'en as jamais laissé la chance !

— Tu oublies la fois où tu devais garder le chien de…

— Ne reviens pas là-dessus, je t'en prie ! J'étais jeune !

— C'était l'année passée…

— Bon, je déteste quand tu fais ça, maman. On dirait que tu veux juste me reprendre !

— Mais non, ma belle. Sauf que je me demande quelles sont tes raisons pour vouloir soudainement faire du bénévolat. Il y a quelque chose que tu aimerais m'avouer ?

Cette fois, c'est moi qui garde le silence un moment. Au fond, pourquoi je veux m'investir de la sorte ? Je fixe le bout de mes pieds, me mords les lèvres, puis avoue :

— J'ai l'impression que je dois me racheter pour les erreurs que j'ai faites. Et je ne sais pas comment… Alors j'ai pensé que d'aider les autres, ça pourrait être un bon commencement, non ?

— C'est… c'est une très bonne idée, en effet, répond-elle d'une drôle de voix. Écoute, ma grande, je vais en discuter avec ton père, mais si tu es sérieuse dans tes démarches, j'imagine que je dois apprendre à te faire confiance.

— Ooooh ! Tu es trop géniale, maman ! Merci !!!

— Ne t'emballe pas trop vite ! Je n'ai pas encore dit oui !

— Non, non, ça va. Je vais attendre. Je te laisse, maman, mes cours reprennent bientôt et je ne dois pas être en retard, hein ? Sinon… ce serait vraaaaiment immature de ma part !

— N'en fais pas trop, Nadeige, ou ça ne sera plus crédible…

Je rigole (OUI, MOI, je ris à une blague sarcastique de ma mère ; je dois être sur le point d'être malade !), puis je la salue avant de raccrocher. Celle-ci a beau dire que rien n'est encore décidé, je sais qu'elle ne pourra jamais me le refuser ! Pour une fois que je fais une bonne action par moi-même !

Je souris à la secrétaire (*wooo... mais qu'est-ce qui me prend ?!?*) et quitte la pièce en sautillant. (*Bon, là, il ne faut pas charrier... je ne fais que marcher normalement.*)

***

Assise sur mon lit, mon ordinateur posé sur mes genoux, j'attends de voir si mon interlocuteur va me répondre. C'est que je viens d'envoyer une demande d'amitié sur Facebook à Mathias. J'ai fait le tour de sa page, vérifié ses photos, jeté un œil à ses goûts musicaux et aux pages qu'il aime, puis j'ai fini par me décider. Après tout, il m'a dit de l'appeler dès que j'aurais des nouvelles pour le bénévolat. Sauf que je n'ai pas de téléphone dans ma chambre et mes parents refusent toujours de me remettre mon cellulaire. (*Ce qui est troooop injuste !!!*)

Même si je le mérite un peu...

Bref, je ne suis pas pour aller au secrétariat afin d'appeler Mathias. Ce serait ultra gênant de discuter avec lui devant la secrétaire ! Alors je préfère lui écrire. En plus, il semble être sur son ordinateur, car il a publié un statut il y a moins de cinq minutes. Une vidéo d'un gars qui fait des cascades sur son skateboard.

Je me demande si Mathias en fait…

Ah et puis je m'en fiche, au fond ! En quoi ça me touche qu'il fasse du skateboard !? C'est à peine si je le connais. J'essaie seulement de savoir qui il est.

OH ! Il vient d'accepter ma demande !!! Et il m'a écrit !!!

Salut, Nadeige !

Alors, j'espère que tu n'as pas changé d'avis pour le bénévolat au refuge, hein ?

Pas du tout !

Sauf que c'est plus compliqué que prévu…

Es-tu en train de te trouver une excuse ?

Mais non, voyons !

Il faut juste que mes parents acceptent. Ensuite, la direction doit approuver le projet et finalement, ma TES doit me signer une permission de sortie.

Ah ouais, je vois…

Autrement dit, il faut suivre la procédure. C'est normal.

À partir de quand penses-tu avoir ta permission ?

Pas avant vendredi, je crois.

OK, je vais appeler au refuge pour les aviser.

D'accord. Je vais te tenir au courant.

Parfait.

Je dois te laisser, je suis occupé.

Tu fais quoi ?

Ben… j'ai une amie chez moi.

Je fige… Il a bien écrit UNE AMIE ??? Pas besoin de me prendre pour une nouille ! C'est clairement sa blonde ! Je tape rapidement sur mon clavier :

OK, bye !

Attends !

Quoi ?

Ce n'est pas ce que tu crois.

Je ne crois rien du tout, Mathias.

Tu as le droit d'être avec qui tu veux.

Je sais, mais…

Je ne voudrais pas qu'il y ait de malaise.

Surtout que… minute, je reviens.

Les lèvres pincées, je reste là, les mains sur mon clavier. Il ne revient pas. Les secondes deviennent des minutes. Et ma patience s'égrène. Au bout de ce qui me semble une éternité, je ferme Facebook et fais claquer mon écran d'un coup sec. Je n'ai plus le goût de lui écrire. Ni de lire ce qu'il a à me dire.

Je repousse ensuite mon ordinateur et, au moment où je me lève, trois petits coups sont frappés à ma porte. Intriguée par l'identité de la personne qui vient me voir, je vais ouvrir et tombe nez à nez avec Margot. Elle tient fièrement un petit papier dans les mains.

— Devine un peu ce que c'est… ? m'invite-t-elle à chercher, sans savoir que je ne suis pas d'humeur à jouer.

Je hausse les épaules, en grommelant que ça n'a pas d'importance. Elle redevient immédiatement sérieuse et me demande :

— Ça ne va pas ?

— Non, non, tout va suuuper bien. Qu'est-ce qu'il y a ?

— Je suis venue te porter ta permission spéciale pour faire du bénévolat. Comme tu avais l'air d'y tenir beaucoup, disons que j'ai réussi à accélérer le processus.

Aussitôt, j'agrippe le papier et en oublie vite Mathias et sa blonde. (Il peut bien sortir avec qui il veut, je m'en balance !) Mon sourire est revenu, ce qui semble rassurer Margot. Elle me répète qu'elle est fière de moi et, juste avant de s'en aller, elle me dit que je peux aller la voir dès que j'ai besoin de parler. Peu importe ce qui me chicote.

J'acquiesce et referme la porte. Comme si j'allais lui raconter mes histoires personnelles… La seule personne à qui j'ai réellement le goût de parler de ça, c'est Émy. D'ailleurs, il faut que je lui écrive pour lui annoncer que je vais faire du bénévolat. Je sens qu'elle ne va pas en croire ses yeux !

Et sans plus me soucier de quoi que ce soit d'autre, je saute sur mon ordinateur. J'ai hâte de savoir ce qui se passe dans la vie de ma BFF !

À: Emy-Lee_Samson@coolmail.com
De: Nad@coolmail.com
Objet: Tu ne vas pas le croire!

Salut, Émy!

Devine un peu ce que ta meilleure amie s'apprête à faire??? Tu ne vas jamais le croire... DU BÉNÉVOLAT! Eh oui! Je vais donner mon nom pour aider les gens qui travaillent dans un refuge animal. Génial, hein? Je ne veux pas t'entendre me dire que je vais attraper je ne sais quelle maladie contagieuse! C'est hyper sécuritaire. (OU en tout cas, ça doit au moins être un peu surveillé...)

Je viens d'avoir la permission de sortir du pensionnat pour aller là! Ce qui veut aussi dire que je pourrai me promener davantage dans la ville. C'est bien, parce que, pour être franche, j'ai beau ne pas être claustrophobe, je commençais sérieusement à me sentir enfermée entre les mêmes quatre murs!

OK, j'attends de tes nouvelles! J'ai hâte de te revoir. Je ne sais pas encore quand mon père reviendra me chercher pour me ramener à la maison. Ce serait bien de passer un autre week-end ensemble, non?

À plus!

Ta *best*, Nad
(bénévole de l'année)

À : Nad@coolmail.com
De : Emy-Lee_Samson@coolmail.com
Objet : RE : Tu ne vas pas le croire !

Salut !

Désolée si j'ai été longue à te répondre, mais j'ai recommencé mon message trois fois. La première version incluait la liste complète des conseils de prévention à l'intention des intervenants en soins de santé animale. (Je sais, tu aurais supprimé mon courriel sur-le-champ.) La deuxième version proposait des techniques simples de manipulation des animaux à comportement problématique. (Je suis bonne, hein ? Je les ai enlevées !) Et la troisième version que voici te dit simplement ceci : lave-toi les mains avec du savon antiseptique avant, pendant et après ta visite au refuge animal.

Je ne savais pas que tu devais faire du bénévolat à ton école. C'est un genre de programme qui vise à vous ouvrir au monde extérieur ? Oh ! Ne me dis pas que tu as encore fait une bêtise et que tu dois faire des travaux communautaires pour te racheter (et éviter la prison) ! En tout cas, sois prudente !

Et *please*, essaie de convaincre tes parents d'aller te chercher bientôt ! Je m'ennuie trop de toi !

Émy-Lee

P.-S. : Laisse s'écouler au moins deux jours entre tes visites au refuge animal et ton retour à la maison. C'est à peu près le temps d'incubation de la plupart des virus et bactéries les plus virulents. Mieux vaut ne pas prendre de risque !

10

ÉMY-LEE

Ce matin, j'ai décidé de faire quelque chose que je n'ai pas fait depuis une éternité. Je m'en vais courir, mesdames et messieurs ! Oui, oui ! Courir ! Et qu'est-ce qui me motive à sortir de ma chambre, vous croyez ? Bien des choses :

1. Je commence à me sentir UN PEU mieux. (Je pleure moins d'une fois par semaine, ce qui, dans mon cas, est tout un progrès.)
2. Mes cuisses ont perdu tellement de tonus que je vais bientôt devoir emprunter le fauteuil roulant de mon frère pour me déplacer.
3. Je suis tombée (par hasard) sur un article sur le Net. On dit qu'il y a un lien entre l'exercice physique et la croissance. Comme je n'ai toujours pas eu de poussée digne de ce nom, j'ai pensé mettre toutes les chances de mon côté.

4. Toby m'a envoyé une *playlist* énergisante. Il dit qu'avec ça, je vais fracasser tous mes records de temps. Et comme j'ai envie (un peu) de lui plaire et de retrouver la forme, je me botte les fesses et j'y vais !

Me voilà donc prête à partir, chaussures de course aux pieds, écouteurs aux oreilles. Je commence par un jogging lent pour me délier les muscles, contente de sentir l'air frais dans mes poumons. Ça fait du bien ! Le printemps est bel et bien arrivé et le soleil me réchauffe la peau. J'étire la main jusqu'à mon iPod pour démarrer ma musique.

Oh ! Torbinouche ! Je sursaute tellement fort que j'arrache les écouteurs de mes oreilles d'un coup sec, les laissant pendre à mon cou comme de vulgaires spaghettis trop cuits. Qu'est-ce que c'est que ce vacarme ? Je m'attendais à quelque chose de rythmé et d'entraînant, quelque chose de motivant… Pas à une pétarade digne de la Première Guerre mondiale !

Je pose les yeux sur l'écran de mon iPod. Black Killers. C'est le nom du groupe de musique. (Si on peut appeler ça de la musique !) Ça ressemble à des cris de torture mélangés à de la batterie, de la guitare électrique et des bruits d'explosions. En résumé, je dirais que c'est le chaos ! Comment Toby fait-il pour aimer ce genre de groupe ? Comprend-il seulement les paroles ? Impossible !

Un peu secouée, je reprends ma course (sans ces engins de destruction massive dans mes oreilles).

Mes pas foulent les rues du quartier et je les laisse me guider. Je passe devant le dépanneur, devant le parc et, au bout de dix minutes, je comprends que je suis presque arrivée devant la maison de Maax. Qu'est-ce que je fais là ? Et lui ? Qu'est-ce qu'il fait là ? Ben, je veux dire, c'est quand même normal, c'est chez lui, après tout. Mais pourquoi est-il dehors EXACTEMENT au moment où je passe ? Est-ce que c'est un signe ?

J'aimerais poursuivre mon chemin sans m'arrêter (il ne m'a pas encore aperçue), mais mon cœur bat si fort en sa présence que je ne peux m'empêcher de le rejoindre. C'est fou comme je me suis ennuyée de lui. On dirait qu'il est encore plus beau qu'avant. Est-ce que c'est possible, ça ?

Je m'arrête à sa hauteur tandis qu'il place le bac de récupération au bord du chemin. Maxime-Alexandre lève la tête et m'aperçoit. Il fige. Oh ! Est-ce que je lui ferais encore de l'effet ?

Je m'approche de lui en souriant et le salue avec la main. Il me salue à son tour.

— Ça va, Maax ?

— Pas mal. Et toi ?

— Pas mal.

Maax se gratte la nuque avec la main et détourne le regard. Je ne sais pas trop quoi lui dire. J'aurais juste envie qu'il me prenne dans ses bras et qu'il me serre fort contre lui. Qu'il joue dans mes cheveux. Qu'il m'embrasse comme lui seul sait si bien le faire. Au lieu de cela, il tourne la tête à la recherche de quelque chose.

— Qu'est-ce qu'on entend ? demande-t-il, curieux. C'est quoi ce drôle de bruit ?

Je baisse les yeux vers mes écouteurs qui pendent autour de mon cou et je comprends que je n'ai toujours pas éteint mon iPod.

— C'est ma musique.

— Tu appelles ça de la musique ? fait-il en grimaçant. On dirait une tronçonneuse.

— Je sais, c'est un peu bizarre. Je me demande si on s'habitue, à la longue.

Je lui fais un grand sourire et son visage se détend. Puis, il fait un pas en direction de sa maison. Non ! Je ne veux pas qu'il s'en aille !

— Hé ! Attends ! On a des choses à se dire.

— Je ne pense pas, Émy, marmonne Maax, l'air désolé. Tout a été dit.

— Oui, mais je t'ai envoyé des tas de messages. Tu ne les as pas reçus ?

Maxime-Alexandre se tourne vers moi et croise les bras. Il pince les lèvres, soupire un grand coup et m'explique d'une voix grave :

— Bien sûr que je les ai reçus, Émy-Lee. Je les ai TOUS reçus.

— Pourquoi n'y as-tu pas répondu, alors ?

— Parce que tu n'as pas l'air de comprendre… Je suis avec Alissa, maintenant.

— Je ne pense pas que tu…

— Je ne suis plus amoureux de toi, m'interrompt-il. Je suis passé à autre chose.

Non ! Bien sûr que non ! C'est temporaire, j'en suis sûre ! Je dois lui faire comprendre qu'on est faits l'un pour l'autre. Je ne peux pas laisser passer ma chance d'être à nouveau avec lui ! J'avance vers mon ex, mais celui-ci lève la main pour m'arrêter.

— Ça suffit, maintenant, articule-t-il sérieusement. Arrête de me harceler.

— Te harceler ?

— Tu m'écris presque tous les jours, Émy ! Tu m'envoies des courriels et des textos, tu laisses des messages sur mon cell, tu m'as même envoyé une dizaine de lettres par la poste ! Si ce n'est pas du harcèlement, je me demande ce que c'est ! C'est fini, nous deux. FI-NI ! Tu comprends ?

Ma tête a un mouvement de recul. Je fixe Maax sans comprendre. Comment peut-il me parler ainsi ? Après tout ce qu'on a vécu ? Je voudrais réagir, le serrer fort dans mes bras, mais ses paroles se frayent lentement un chemin jusqu'à mon cerveau... C'est vraiment fini... Il ne veut plus rien savoir de moi...

Tandis que les larmes me montent aux yeux, je plaque mes écouteurs dans mes oreilles et je pique un sprint loin, très loin de celui qui vient de me briser le cœur. Je ne sais pas pendant combien de temps je cours ainsi, mais quand je m'arrête au bord de la rivière, mes jambes sont douloureuses et ma poitrine est en feu. Toby avait raison. Cette musique est parfaite ! C'est un incroyable défoulement. J'ai tellement d'énergie, tellement de rage et tellement de peine à la fois que je lâche un grand cri qui se perd au loin. Les pieds sur les rochers, je m'accroupis près de l'eau. La rivière doit être très froide à cette période de l'année. Et le courant est certainement très fort. Pendant une seconde, je me dis que je pourrais me laisser transporter par les vagues… Je ne veux pas me noyer, je veux juste me laisser dériver au loin. Pendant des heures. Des jours. Des années, peut-être. Mais je sais que rien ne peut me délivrer de ma douleur. Rien, mis à part le temps.

Je lâche un autre cri. Plus puissant, cette fois-ci. Et plus long.

Puis, je pleure. Je laisse la musique me déchirer les tympans et je pleure.

Je ne sais pas combien de temps je reste là à broyer du noir. Je suis un peu perdue. Tout ce que je sais, c'est que je sens une main se poser dans mon dos et qu'elle me fait le plus grand bien. Je tourne la tête pour voir qui vient d'arriver et je constate que Talbot est assis à côté de moi, le visage grave. Je retire les écouteurs de mes oreilles et lui demande :

— Qu'est-ce que tu fais là ?

— Tu m'as demandé de venir, me répond-il en prenant une de mes mains gelées dans les siennes.

— Je ne…

Talbot sort son cellulaire et me montre le message que je lui ai envoyé. OK… Ça me revient… Je lui ai dit que j'avais besoin de lui immédiatement. Et lui, il a couru à mon secours. Comme un bon chien-chien.

— Tu es là depuis combien de temps ?

— Dix minutes.

Le cerveau humain est un réel mystère. Comment ai-je pu ne pas m'apercevoir de sa présence ? Talbot m'offre un mouchoir que j'accepte immédiatement. (Mon nez ressemble à une fontaine.) Je me mouche sans aucune grâce, je range le mouchoir dans ma poche et je lui tends un écouteur.

— Qu'est-ce que c'est ? demande-t-il, en le portant à son oreille gauche.

— Du bruit.

— Est-ce que ce bruit a un nom ?

— Black Killers.

— C'est horrible. On dirait un tremblement de terre.

— Je sais. Merci d'être là.

— Pas de quoi.

***

Je ne sais pas ce qui s'est passé dans ma petite cervelle embrouillée, mais on dirait que je me sens mieux. C'est étrange, non ? Normalement, je devrais être dévastée par ma rencontre avec Maax, mais au lieu de cela, je me trouve pas mal zen. C'est comme si j'avais eu besoin de ce petit tête-à-tête pour me rendre compte que c'était bel et bien fini entre nous. Bon, j'avoue que j'ai pleuré comme une Madeleine en rentrant à la maison (d'ailleurs, je me demande d'où vient cette expression et qui est cette pauvre Madeleine qui a tellement pleuré qu'elle en est devenue une légende), mais là, c'est fini, les larmes. Je suis prête à reprendre le cours de ma vie pas plus tard que maintenant. Il était temps, non ?

VOICI CE QUE JE COMPTE FAIRE :

✓ Effacer TOUS les messages que j'ai envoyés à Maax. (J'avais gardé une copie de chacun d'eux dans un document intitulé « Ne me quitte pas ». Je sais, ça fait un peu psychopathe sur les bords, je le réalise, maintenant.)

✓ Déchirer les pages de mon journal intime sur lesquelles son nom apparaît. (Euh... OK. Je pense que je ferais mieux de le jeter à la poubelle, tout simplement.)

✓ Passer plus de temps avec Talbot. C'est très bon pour le moral d'avoir quelqu'un à tes côtés qui ne cherche qu'à te faire plaisir.

✓ Être un peu plus gentille avec mes parents et plus présente auprès de mon frère.

✓ Écrire à ma *best* pour lui dire que je suis enfin de retour. (*Émy-Lee is back !*)

Mais avant, je compte bien envoyer un dernier message à Maxime-Alexandre. Pas pour le supplier ni pour qu'il se sente coupable. Juste pour lui montrer que j'ai compris. Quand elle a cassé avec Sasha, l'autre jour, Nad m'a dit que ça lui avait fait du bien de finir sur une note positive. Que ça l'a aidée à garder une bonne image de son ex. Je veux faire pareil. Je ne veux pas que Maax se souvienne de moi comme la folle hystérique qui lui a bousillé l'existence parce qu'elle était trop bête pour comprendre que c'était fini.

Je rédige donc un court message que je lui envoie par courriel. J'espère juste qu'il ne va pas le supprimer avant d'avoir pris le temps de le lire.

À : Maax@coolmail.com
De : Emy-Lee_Samson@coolmail.com
Objet : Des adieux sincères

Salut, Maax,

Je ne vais pas te déranger longtemps. Je voulais simplement te remercier. Tu as été très patient avec moi (et surtout très clair, tout à l'heure) et c'était parfait. Je comprends maintenant que c'est terminé. Je te laisse tranquille.

Merci pour tout. On se reverra peut-être un de ces jours.

En attendant, la vie continue !

À +

Émy-Lee

La vie continue… Oui. C'est vrai. Ça ne sera pas facile tous les jours, mais j'ai la meilleure BFF au monde, alors aussi bien en profiter !

Nad, j'ai besoin de toi.

Je suis là, mais pas pour longtemps, parce que je dois partir pour mon bénévolat…

C'est fini, Nad.

Mais non, je n'ai même pas commencé à en faire !

Attends, tu ne fais pas référence à mon bénévolat du tout, hein ?

Alors… de quoi tu parles ?

Maax et moi.

Euh… C'est une blague ou quoi ?

Ça fait des semaines que vous avez cassé !

Je sais… J'aurais dû le comprendre depuis longtemps, mais mon cerveau refusait de l'accepter.

Bon, mais maintenant, c'est fait ?

Ben là, disons que c'est plus clair. Il ne veut plus rien savoir de moi. C'est vrai. Il n'y a pas de malentendu, pas de non-dit, pas d'ambiguïté. (Si tu joues encore au scrabble, c'est un super mot pour toi, ça !) En résumé, c'est fini pour de bon.

Ouin… c'est jamais facile, les séparations.

Tu es correcte ? J'aimerais tellement venir te voir tout de suite !

Mais je suis trop loin…

Tu te sens comment ? (Et non, je ne joue plus à ce jeu troooop compliqué pour moi !)

Bien. Je crois que je vais bien.

J'ai découvert un nouveau groupe de musique et on dirait que ça m'aide à passer à travers. Tu veux que je te fasse écouter ?

Bien sûr ! Envoie-moi ça.

C'est parti !

http:/watch/BlackKillers/
Darksoundsinthenight

Tu me diras ce que tu en penses.

Ne sois pas surprise, ça saisit, au début.

C'est assez différent de ce que j'écoute d'habitude.

Écoute-la jusqu'au bout pour te faire une idée.

Minute, je…

OMG ! Mais qu'est-ce que c'est que ça !?

Pas question que je l'écoute jusqu'au bout !

Je ne sens déjà plus mes tympans !

C'est de la musique pour les gens qui s'apprêtent à braquer une banque, ça !

Tu exagères ! Ce n'est pas si pire, non ?

En tout cas, ça me change les idées. C'est un de mes amis qui m'a fait découvrir ce groupe.

Ça ne fait pas juste te changer les idées... ça te rend complètement sourde !

Mais bon, c'est bien que tu ouvres tes horizons, j'imagine...

Hé ! Tu n'es même pas un peu curieuse ? Tu ne veux pas savoir c'est qui, ce mystérieux ami ?

Désolée, je dois encore être traumatisée à cause de ta musique.

En plus, je savais que tu finirais par me le dire. C'est un gars du collège ?

Euh... Je ne sais pas.

Tu ne sais pas ? Tu viens de le rencontrer, alors ?

Et il s'appelle comment?

Toby.

Toby... ça ne me dit rien. C'est quoi son nom de famille?

Je ne sais pas non plus.

Tu me niaises ou quoi?

Ben non, c'est juste que je n'ai pas beaucoup d'infos à son sujet.

OK... c'est bizarre, cette histoire.

Attends, je vais aller voir dans tes contacts, alors...

Ah, je le vois. Ouin... il n'est pas si mal. Ton genre de gars, en tout cas.

Je sais! Et il est super gentil, en plus!

On s'est connus sur le blogue.

Oh non, dites-moi que je rêve.
Pas sur ton blogue déprimant?

Émy, je pensais que tu avais
arrêté d'aller là-dessus!

Il n'est pas du tout déprimant. Et
j'y fais plein de belles rencontres.
La preuve : TOBY!

Mouais, bon... il va falloir qu'on s'en reparle,
parce que je dois partir pour mon bénévolat.
À mon retour, je veux ses antécédents
judiciaires, son adresse et le nom de son
chien, compris? Je ne blague pas!

Mais oui, c'est ça!

Comme si j'allais te laisser enquêter sur lui!

ON EN REPARLE! Tu ne te
défileras pas si facilement!

Bye!

Bye!

11

NADEIGE

Qu'est-ce que c'est que cette histoire de garçon mystère ? À quoi elle joue, Émy ? Ce n'est pas du tout dans ses habitudes d'écouter de la musique infernale, de fréquenter des inconnus et de faire confiance à n'importe qui. Alors je répète : qu'arrive-t-il à ma *best* ? Il est plus que temps que je revienne chez moi pour lui parler entre quatre yeux !

Je m'occuperai de ça à mon retour à ma chambre, tout à l'heure. J'essaierai d'appeler mon père pour lui demander s'il peut venir me chercher demain, lorsque la fin de semaine débutera. Je croise les doigts pour qu'il me dise oui, mais ça ne semblait pas gagné la dernière fois que je lui ai parlé. Il avait un supposé voyage d'affaires et ne pensait pas être capable de le déplacer.

Mais bon, je ne peux pas lui téléphoner tout de suite afin de régler ce dossier, puisque je suis présentement en train de déambuler dans le quartier… Oui, oui, je suis à l'extérieur du pensionnat ! Et je n'ai même pas de rencontre en thérapie de groupe, ce soir ! C'est parce que je ne vais pas là du tout. Je me rends au refuge animal.

J'ai vraiment hâte d'y être ! Mathias est censé y aller, lui aussi, mais ça ne me fait rien du tout. Il pourrait très bien ne pas venir que ça ne changerait pas mon désir d'aider. Je veux dire… après tout, ce n'est pas pour être avec lui plus souvent que je fais ça. J'aime les animaux depuis toujours (malgré ce qu'en pense ma mère). Je n'ai jamais pu résister à une boule de poils !

Je jette un œil au trajet que j'ai tracé sur une feuille, un peu perdue dans mes indications et les flèches que j'y ai dessinées. C'est que je ne connais pas très bien la ville, puisque j'ai passé les dernières semaines enfermée dans mon pensionnat. Il me semble pourtant reconnaître ce parc… Ce n'est pas celui qui est tout près de l'endroit où je suis ma thérapie ? Je m'en approche puis secoue la tête, dépitée.

Non… je n'ai aucune idée de l'endroit où je me trouve, en fait. Visiblement, faire du bénévolat est pas mal plus compliqué que ce que je m'étais imaginé. Si au moins j'avais droit à mon cellulaire, je pourrais appeler Mathias pour lui demander de venir me rejoindre ! Mais non ! Pas moyen de faire flancher mes parents à ce sujet !

Je me concentre de nouveau sur mon trajet, de plus en plus énervée. En plus, il commence à faire sombre et j'aperçois à peine le nom des rues que je croise. J'aurais dû noter les informations plus clairement, aussi. Moi et ma manie de ne gribouiller que quelques mots et de faire des dessins un peu partout ! Ça m'apprendra ! Je prends une bonne inspiration, puis je me dis que, si je continue tout droit, je vais bien finir par arriver sur le boulevard où je dois aller.

Je tremble de froid, car le vent s'infiltre dans mon manteau. Enfin, je distingue une petite affiche avec les lettres du refuge. Ouf ! Je ne me suis pas complètement perdue. La prochaine fois, je m'assurerai d'avoir le bon chemin !

C'est en courant que je parcours la distance qui me sépare de la bâtisse. Puis, je monte les quelques marches deux à deux. Lorsque je pousse la porte vitrée, une clochette annonce mon arrivée. Une dame relève la tête de derrière son comptoir et me salue gentiment.

— Bonjour ! Comment puis-je t'aider ? Tu as perdu un animal ?

Je m'avance et pose les mains sur le comptoir, sans trop savoir quoi faire. Je croyais que Mathias serait là pour m'accueillir et que nous nous présenterions ensemble.

— Non, non… en fait, je pense que mon ami vous a avertie que… ben que nous devions venir faire du bénévolat ici. Alors me voilà !

— Oh ! Tu dois être Nadeige, dans ce cas. Oui, ton ami est déjà là, en fait. Viens, je vais te mener à lui. Tu pourras ensuite lui donner un coup de main. D'après moi, il en aura besoin…, termine-t-elle sans en expliquer davantage.

Je la suis jusqu'à une petite porte menant à un long couloir. L'odeur de litière pour chat qui y règne me fait grimacer de dégoût. Lorsque nous arrivons dans une autre salle remplie de cages vides, la dame me fait signe d'attendre pendant qu'elle va chercher Mathias.

En revenant seule vers moi, elle me souhaite bonne chance, puis repart à son poste de travail. Je piétine sur place un moment, avant que ne retentisse la voix de Mathias.

— Nadeige ? Tu viens ?

— Euh… ouais. Mais tu es où ?

— Juste ici, réplique-t-il, alors que je m'approche des cages.

Ce n'est qu'à ce moment que je le vois. Il est à demi penché et tient une vadrouille dans les mains. Ses vêtements sont sales et je commence à comprendre dans quoi je me suis embarquée. En secouant la tête, je marmonne :

— Ne me dis pas que je vais devoir nettoyer avec toi ! Je suis venue ici pour prendre soin des animaux, pas pour jouer la femme de ménage !

— Arrête de te plaindre, Nadeige, et attrape ça, me dit-il en me pointant un balai, posé derrière moi.

— J'ai dit non !

— Et moi je te dis d'arrêter de faire l'enfant. Quand on s'engage quelque part, on ne le fait pas à moitié. Allez, tu n'as qu'à passer un coup de balai. Au moins, tu as évité la corvée de ramassage d'urine, toi !

— C'est une blague ?! Tu as ramassé du pipi… Oh là là ! Mais qu'est-ce que je fais ici ?

Mathias ne m'écoute déjà plus et a recommencé à laver le plancher de la cage dans laquelle il se trouve. En rouspétant, je finis tout de même par saisir le balai et le passer en vitesse dans la pièce. Lorsque c'est terminé, je reviens voir Mathias, en soupirant.

— C'est fait. Tu es content ? On peut passer tout de suite à l'étape où on cajole des chats, maintenant ?

— Minute, il reste encore à nettoyer la cour. Et cette fois, tu ne pourras pas te sauver du ramassage de cr…

Pas la peine que j'écoute la fin de ce qu'il a à me dire ! Il n'est pas question que je touche à du caca de chien, point final ! Je lâche mon balai et sors de là sans me retourner. Je traverse le long couloir et passe ensuite devant la dame à l'accueil, toujours assise derrière son comptoir et qui me salue en souriant.

Une fois dehors, je fouille dans le fond de ma poche, à la recherche du trajet que j'ai noté pour revenir au pensionnat. Mais une main se pose alors durement sur mon épaule et me retourne d'un coup sec.

— Où tu crois que tu t'en vas comme ça? me questionne Mathias, le visage ultra sérieux.

— Tu sais très bien où je m'en vais. Je ne reste pas ici une minute de plus. Ce n'est pas ce que je croyais et cette idée de bénévolat, c'était une erreur sur toute la ligne! Je n'aurais jamais dû vous écouter, vous tous, avec vos idées complètement démentes. Je ne suis pas faite pour aider et je ne m'en porte pas plus mal. En plus, tout le monde me le dit depuis toujours qu'aider les autres, ce n'est pas pour moi!

— Et ça ne te tente pas de leur montrer qu'ils avaient tort? Que tu peux très bien faire preuve de grandeur d'âme?

— De grandeur d'âme? Tu as une drôle de façon de voir le ramassage de crottes, toi!

— Oh, je t'en prie, Nadeige, reviens-en! s'énerve Mathias en levant les yeux au ciel. Ce n'est qu'un mauvais moment à passer. Ensuite, on pourra aller voir les animaux. On m'a dit que ce serait bien si nous pouvions brosser les chats pour enlever leur surplus de poils. Et la prochaine fois que nous viendrons, les chiens auront aussi besoin d'être promenés. Tu vois, ce n'est pas seulement une histoire de… de tu sais quoi !

Je hausse les épaules, sans trop savoir quoi faire. OK, j'ai peut-être réagi de manière un peu trop impulsive. Mais juste de m'imaginer en train de me pencher vers les… de mettre le tout dans un sac de plastique, j'en ai le cœur qui se soulève. D'un autre côté, je me vois mal revenir dans ma chambre et annoncer à Margot et à tous les autres que j'ai flanché. Que je ne suis qu'une lâcheuse.

Je réfléchis longuement, puis finis par acquiescer. Bon, je peux bien faire un effort.

— D'accord… je vais t'aider. Mais à la condition que je puisse porter des gants ! Ma BFF m'a dit que je pouvais attraper des tas de maladies si je ne me désinfectais pas les mains après avoir touché aux animaux. Imagine ce que ça doit être si on entre en contact avec leurs excréments !

Mathias éclate de rire, avant de se mettre à grelotter de la tête aux pieds. C'est qu'il est sorti sans mettre le moindre manteau. Il se dépêche donc de revenir à l'intérieur. En repassant devant la dame de l'accueil, je remarque son air surpris. Elle devait s'imaginer que je partais pour de bon. Mais non, on ne se débarrasse pas de moi si facilement, il faut croire...

***

Je vous épargne la scène où j'ai dû me mettre les deux mains dans le caca. Oui, je sais, je suis plutôt gentille, non? Me voilà donc en train de retirer mes gants (parce que j'ai réussi à en trouver!) et de les jeter à la poubelle. Puis, je mets une tonne de savon dans le creux de mes paumes et je lave mes mains beaucoup plus longtemps que d'habitude.

Une fois que c'est fait, je vais enfin rejoindre Mathias. Il a été beaucoup plus rapide que moi, je trouve, ce qui est plutôt louche...

— Hé, tu as lavé tes mains correctement?

— Bien sûr, répond-il en haussant les épaules.

— Parce que je trouve que tu as fait ça pas mal vite... Tu es certain que tu n'as pas oublié un recoin ou deux sous tes ongles?

— N'exagère pas, Nadeige. En plus, on portait des gants et on utilisait une pelle.

— Ça ne fait rien ! Mon amie Émy te dirait que…

Déjà, il ne m'écoute plus et fonce vers les salles où sont installés les chats. Je continue de marmonner dans son dos qu'une hygiène irréprochable est la base pour vivre en communauté. De son côté, Mathias a déjà ouvert une des cages afin de laisser sortir le minou qui s'y trouve. Ne sachant pas trop quoi faire, je finis par lui demander :

— Est-ce que j'ouvre les cages, moi aussi ?

— Non, ce ne sont pas tous les chats qui acceptent la présence des autres. Quand je suis arrivé ici, on m'a montré lesquels je pouvais faire sortir afin de les toiletter. Va chercher les brosses qui sont sur le bureau, là-bas, pendant que je m'occupe d'ouvrir les bonnes cages.

Je m'exécute et reviens avec deux brosses. Il en saisit une et je constate que plusieurs félins se promènent déjà dans la pièce, heureux d'être libres. Je m'accroupis alors au sol, imitant ainsi Mathias, et attends que l'un d'entre eux se rapproche pour passer l'objet sur son dos. C'est agréable et rigolo. Les chats sont affectueux et ce n'est pas long qu'ils viennent ronronner près de moi. Je les laisse me grimper dessus et venir me sentir de près. L'un d'entre eux se couche même sur mes épaules.

Mathias m'observe attentivement et finit par dire qu'en effet, j'ai sûrement le tour avec les animaux. Il faut dire que, de son côté, pas un des chats n'a osé l'approcher à moins d'un mètre.

— C'est à cause de mon charme légendaire, dis-je, en rigolant. Personne ne peut me résister, même pas les chats !

— Hum… moi, je pense plutôt que c'est parce qu'ils sentent que tu es une des leurs, réplique-t-il.

— Qu'est-ce que tu veux dire par là ?

— Ben… au fond, les chats et toi, vous avez des tas de points en commun.

Je plisse les yeux et l'invite à s'expliquer.

— D'abord, vous n'êtes pas faciles d'approche…

Ouais, je dois lui concéder ce point. Je me contente donc de hocher la tête, en gardant le silence.

— Ensuite, vous n'en faites toujours qu'à votre tête.

— C'est faux ! La preuve : je suis revenue pour t'aider !

— Troisièmement, continue Mathias sans se soucier de ce que je viens de dire, il ne faut pas vous prendre par surprise. Vous préférez venir à nous selon votre propre rythme.

— C'est n'importe quoi, ta théorie !

— Et quatrièmement...

— Parce qu'en plus, tu n'as pas fini !

— Et quatrièmement, répète-t-il un peu plus fort pour que je me taise, vous êtes... vraiment mignons, quand vous le voulez.

Cette fois, je n'ose rien répliquer. C'est qu'il vient de me surprendre. Je lui jette un coup d'œil, mais il ne me regarde même pas, occupé à tenter d'attraper un gros chat roux qui se sauve justement de lui.

Il me trouve mignonne...

Comment je dois le prendre ? Dois-je me sentir insultée ou, au contraire, accepter le compliment ? Et qu'est-ce que ça implique ? Qu'il veut que ça aille plus loin ? Ou il ne fait que le dire sans arrière-pensée. Et cette fille avec qui il était l'autre soir, qui c'était ? C'est donc bien compliqué !

De toute manière, avant de me demander ce qu'il veut exactement, peut-être que je devrais me poser la question moi-même...

Salut, Émy!

Devine un peu d'où je reviens?

D'une excursion dans le Grand Nord?

Bien essayé, mais non.

Disons plutôt que j'ai passé la soirée
les mains dans le caca de chien!

Trooop dégueu!

DANS le caca de chien?
Yark! Comment ça?

C'est pour mon bénévolat!

Si on m'avait dit que j'allais devoir faire ça,
j'aurais passé mon tour, je te le garantis!

J'espère! Des plans pour que tu meures
intoxiquée! C'est plein de parasites, ce truc!
Ça sort directement du... de... (Désolée,
je n'arrive pas à écrire le mot, le cœur me
lève!) Disons « du trou de pet » des animaux!

Ouais, je sais, pas de panique, j'avais des gants ET je me suis lavé les mains presque jusqu'au sang en revenant chez moi. Pas question qu'il reste quoi que ce soit de collé sous mes ongles !

Toi, tu ne me touches plus pendant les cinq années à venir !

En tout cas, une chance que Mathias était là, parce que j'ai failli tout abandonner...

Mathias ? Tiens, tiens... Tu me parles de plus en plus souvent de lui, ces temps-ci...

Ben non, je ne parle pas si souvent que ça de lui ! De toute manière, il a sûrement une blonde. (Pas que ça m'intéresse, tsé !)

Si tu sais qu'il a une blonde, c'est parce que tu t'es informée, non ? Ou alors tu l'as espionné ! Oui, c'est ça ! Hi, hi ! Tu as ouvert une enquête ?

Pff, n'importe quoi !

La dernière fois qu'on s'est écrit sur Messenger, il m'a dit qu'il était avec une fille.

C'est CLAIR que c'est sa blonde ! Même s'il me dit que ce n'est pas ce que je peux imaginer ! De toute manière, je n'imagine rien du tout, je ne fais que voir la vérité.

Je ne sais même pas pourquoi je te parle de ça !

Bon, et toi, ça va ? J'aimerais tellement te voir ce week-end !

Considère que c'est réglé !

Hein ? C'est quoi cette histoire ?

Voici le plan :

Je viens te chercher vendredi avec ton père.

Je dors chez toi.

On jase une partie de la nuit.

On fait ce qu'on veut, quand on veut, avec qui on veut (tant que c'est juste toi et moi!) 😉

Ça te va?

OMG!!! C'est trop *hot*!

Bien sûr que ça me va!!!

Super! On se voit vendredi, alors!

Ouiiiiiii!!!

À demain!

12

ÉMY-LEE

Ça fait une éternité que je n'ai pas été aussi heureuse. Et vous savez ce qu'il me fallait pour retrouver le sourire? Du temps! Beaucoup de temps avec ma BFF! Pour vrai, je ne sais pas pourquoi on n'a pas fait ça avant! Enfin… oui… Je pense que je le sais…

- Je pleurais tellement que je devais boire deux litres d'eau par jour pour éviter de me déshydrater.
- Le dessous de mon nez était si irrité à force de me moucher que j'avais l'air d'avoir pris un abonnement d'un an au rhume et à la grippe!
- Je ne riais plus, je ne parlais plus, je ne bougeais presque plus.
- Bref, un tas de linge sale était plus intéressant que moi.

Mais vous savez quoi ? C'est fini, tout ça ! Je suis redevenue la Émy-Lee d'avant ! En mieux, même ! Je ne sais pas si c'est ma rupture « officielle » qui m'a aidée à me botter les fesses, mais je me suis vraiment reprise en main.

Hier, je suis allée chercher Nadeige au pensionnat avec son père et elle m'a fait visiter sa « chambre ». *Oh! My! God!* Je ne sais pas comment elle fait pour dormir là-dedans sans avoir envie d'arracher les murs ! Ma claustrophobie n'y résisterait pas ! (Euh... Attends... Est-ce que je suis claustrophobe, moi ? Je ne me souviens pas et de toute façon, je n'ai pas vraiment le goût de faire le test.)

Ensuite, on est allées directement chez elle. On a parlé, parlé et encore parlé. C'est tellement plus facile en personne que par messagerie ! On a écouté de la musique (n'importe quoi sauf Black Killers, Nad n'a rien voulu savoir), on a ri, on a niaisé sur Internet et, évidemment, on a parlé des gars. Elle m'a ENFIN avoué qu'elle trouvait Mathias plutôt mignon et qu'elle était vraiment mêlée dans sa tête. Bon, je m'en doutais un peu (c'était assez clair pour moi, vu sa réaction quand je lui posais des questions à ce sujet), mais j'étais contente de l'entendre de sa bouche.

Aujourd'hui samedi, on magasine ! Nad s'est trouvé une paire de gants lavables (pour son ramassage de crottes !) et je me suis acheté un nouvel étui pour mon iPod. À défaut d'avoir un cellulaire (comme TOUTES les filles de mon âge), j'essaie au moins de rendre mon appareil un peu plus attrayant. Et là, on vient d'entrer dans un magasin de sport.

— Qu'est-ce qu'on fait là ? me demande ma *best*, tandis que je touche les différentes planches à roulettes accrochées au mur de la boutique.

— J'ai le goût d'essayer...

— Euh... Tu me fais peur, là ! Es-tu en train de me dire que tu veux t'acheter un de ces machins ?

— Pourquoi pas ?

— Parce que tu vas te casser les deux jambes !

— Mais non. Ça va bien aller, tu vas voir. Je suis sportive, maintenant !

Après quelques hésitations, une centaine de questions au vendeur (« Laquelle est la plus simple d'utilisation ? La plus sécuritaire ? La plus solide ? En as-tu une comme celle-ci dans le turquoise ? As-tu des protège-poignets ? Des protège-coudes ? Des combinaisons anti-égratignures ? Anti-chutes ? Anti-je-me-ridiculise-devant-tout-le-monde ? »), je sors du magasin avec une paire de Vans, une planche à roulettes et un casque tout neuf (de même qu'un portefeuille beaucoup plus léger et une *best* beeeen découragée). Évidemment, je ne lui dis pas ce qui me motive RÉELLEMENT dans ce sport (TOBY !), elle risquerait de ne pas comprendre. Et je dois avouer qu'une partie de moi (toute petite, on s'entend !) me trouve un peu nouille de m'accrocher de cette façon à un gars que je ne connais pas.

Mais bon, d'après ce qu'il m'a dit, Toby fait du skate tous les jours : pour aller à l'école, pour rejoindre ses amis au parc et même pour se rendre à ses entraînements de soccer. Ça doit être quand même un peu cool, non ? Avec l'arrivée du beau temps, je me dis que c'est le moment idéal pour m'y mettre !

Je propose à Nad qu'on rentre à pied (ou en roulant, hi, hi !), mais elle a déjà appelé ses parents pour qu'ils viennent nous chercher. Quand son père arrive, je m'installe à l'arrière avec mes achats bien serrés contre mon cœur. J'ai l'air d'une gamine de trois ans (et ma *best* me regarde comme si elle était sur le point de me renier pour le restant de ses jours).

Au bout de deux minutes, je regarde par la fenêtre et constate que le père de Nad ne prend pas le chemin qui mène chez moi.

— Où est-ce qu'on va ?

— J'ai cru comprendre que tu dormais encore chez nous ? me répond-il, un large sourire aux lèvres. Ça doit vous faire du bien de vous retrouver, toutes les deux, hein ?

— Oui, dis-je, un peu perdue. Mais je…

— Pas de mais ! me coupe Nadeige d'un ton autoritaire. Tu dors chez moi, un point c'est tout. Tu ne vas pas te sauver comme ça !

Sur ce, ma *best* me fait un clin d'œil et m'agrippe le bras pour me faire un câlin. Qu'est-ce qui lui prend ? Et depuis quand elle fait des clins d'œil, elle ?

— Je ne veux pas me sauver, dis-je, les sourcils froncés, mais je n'ai pas de vêtements pour demain.

— Je vais t'en prêter !

— Euh. Ouache ! fais-je en plissant le nez. Je ne vais pas porter tes sous-vêtements, Nad !

Elle veut ma mort ou quoi ? Jamais (au grand JAMAIS) je n'accepterais de porter les sous-vêtements de quelqu'un d'autre ! Elle le sait, pourtant !

— On utilise un très bon savon à lessive, tu sais ? me fait remarquer monsieur Leblanc, en jetant un œil dans ma direction dans le rétroviseur.

— La question n'est pas là… Est-ce qu'on pourrait au moins… Est-ce qu'on peut arrêter chez moi chercher des trucs ?

Nadeige se racle la gorge et fait non avec la tête. Son message codé ne semble pas s'adresser à moi… mais plutôt à son père. Ça y est ! Il ne m'en faut pas plus pour m'imaginer le pire.

— Quoi ? Qu'est-ce qu'il y a ? Il est arrivé quelque chose de grave ?

Ma tête est remplie d'images atroces : la maison complètement détruite après un violent incendie, mes parents tabassés par un voleur sanguinaire, mon petit frère allongé sur le sol après une série de convulsions meurtrières…

— Tout va bien, Émy, tente de me rassurer Nad.

— Ah oui ? Pourquoi tu veux m'empêcher de rentrer, alors ?

Mon amie hésite un moment et finit par m'expliquer que mes parents se sont simplement planifié une soirée en amoureux et qu'ils ne veulent pas être dérangés. J'ai un peu de mal à y croire. Ce n'est pas tellement leur genre… Mais peu importe les questions qui me viennent en tête, ma *best* a réponse à tout.

— Pourquoi ils ne m'ont rien dit ?

— Ben… Parce qu'ils ne voulaient pas que tu te sentes de trop. C'est déjà assez difficile pour toi, ces temps-ci…

— Et Liam ? Qui s'occupe de Liam ?

— Il est allé dormir chez un ami.

— Toute la fin de semaine ? Il ne fait jamais ça !

— Ta tante Jacinthe prend la relève aujourd'hui.

— Et ses cours de natation ?

— Elle va y aller avec lui. Ne t'inquiète pas, Émy. Tout va bien.

— Non, ça ne va pas ! Je n'ai pas de sous-vêtements pour demain ! Comment ça pourrait aller ?

Je n'aime pas du tout le sentiment d'angoisse qui est en train de monter en moi. Mon cœur bat de plus en plus vite. Mes mains sont moites. Quoi ? Je ne vais quand même pas faire une crise de panique à cause d'une paire de petites culottes ? Un peu d'autocontrôle, Émy ! Je prends une grande respiration et je serre ma planche à roulettes bien fort contre moi. Pendant ce temps, le père de Nadeige arrête la voiture. Mon amie sort à toute vitesse et revient quelques minutes plus tard, un petit sac à la main.

— Tiens ! C'est réglé !

Ma main plonge à l'intérieur de l'emballage et en ressort une paire de petites culottes roses. Mon visage rougit instantanément. Dans le rétroviseur, monsieur Leblanc me fait un sourire et redémarre la voiture. La honte !

— Plus de raison de paniquer, maintenant, déclare Nadeige, satisfaite.

Mais mon instinct de fille paranoïaque me dit qu'il y a anguille sous roche…

***

Nous voilà allongées sur le lit de ma *best*, un peu fatiguées, en train d'envoyer des messages chacune de notre côté.

— À qui tu parles ? marmonne-t-elle sans détourner le regard de son écran.

— À Toby. Et toi ?

— À Mathias. On planifie notre prochaine journée de bénévolat.

— Mmm.

Notre conversation s'arrête là. Je texte sur mon iPod, elle écrit sur son ordi. Et là, je ris toute seule, parce que Toby n'arrête pas de niaiser. Comme il fait des fautes tous les trois mots, je lui conseille d'activer son correcteur automatique sur son cell. Ce n'est pas parfait, mais c'est un peu mieux.

Quoi ? Une planche à roulettes ?
Sérieux ? *Quels* marque ?

Euh… Je ne sais pas. C'est important ?

Ben là ! *Ses sure* ! L'as-tu essayée ?

Un peu, tout à l'heure. Mais
je ne suis pas très habile.

P.-S. : Il te reste encore du travail
à faire, côté orthographe !

OK. Je vais essayer de faire attention.

Tu prendras des photos ! J'aimerais
beaucoup te voir avec ton casque.

Jamais de la vie ! J'ai l'air d'un
champignon avec ça sur la tête.

Au moins, tu ne risques pas trop de te faire mal… Tu ne tombes pas de très haut.

Qu'est-ce que tu veux dire?

Ben, tu es *tout minie*… Je ne suis pas sûr que la loi de Murphy s'applique dans ton cas.

Ma tête a un mouvement de recul. À côté de moi, Nadeige se rend compte de mon malaise. Elle me questionne du regard et je lui montre ma discussion avec Toby. Elle écarquille les yeux et je tape aussi vite que possible:

Tu parles de la loi de la gravité?

De toute façon, comment tu sais que je suis toute *minie*? On ne s'est jamais rencontrés.

J'attends… Nadeige me dit d'éteindre mon iPod, que ma caméra est peut-être en fonction sans que je le sache, mais Toby me répond presque aussitôt.

C'est assez facile à voir sur ta photo de profil, Émy-Lee. Ton amie a l'air d'avoir une tête de plus que toi.

Ma photo de profil nous montre toutes les deux le jour de notre départ pour notre croisière et, effectivement, je ne suis pas plus grande que d'habitude. Un peu rassurée, je fais signe à Nad que tout est OK et elle retourne à son écran. Je continue à discuter avec Toby pendant un moment et je lui souhaite bonne nuit (mais pas avant de lui avoir fait promettre de m'écrire le lendemain).

***

J'aime beaucoup ma *best* et je suis super contente de passer du temps avec elle, mais je commence à avoir hâte de rentrer chez moi. (En plus, les petites culottes qu'elle a achetées pour moi sont tellement grandes que je passe mon temps à essayer de les replacer à travers mon jeans, ce qui me donne l'air d'avoir des vers dans le derrière. Ouache!)

Quand je demande à sa mère si elle peut venir me reconduire, je comprends tout de suite qu'il se passe quelque chose. Elle prend le temps d'appeler maman en cachette avant d'accepter (Quoi ? Ça prend une autorisation du FBI pour avoir le droit de rentrer chez moi ?), elle conduit la voiture beaucoup trop lentement à mon goût (Allez ! Appuie sur la pédale, torbinouche !) et insiste pour nous accompagner à l'intérieur, Nadeige et moi, une fois qu'on est rendues. Sérieux, ce n'est pas normal !

J'ouvre la porte d'entrée avec nervosité (je m'attends à tout) et une drôle d'odeur m'emplit aussitôt les narines. On dirait un mélange de produits chimiques et de… de quoi ? Je n'arrive pas à dire… Ma mère accourt aussitôt et nous salue d'une voix un peu plus aiguë qu'à l'habitude. OK. C'est vraiment louche ! Mon père est rouge comme une tomate, mon frère rigole dans son fauteuil roulant et Nadeige me prend par le bras pour me forcer à monter dans ma chambre.

L'odeur est de plus en plus forte. Qu'est-ce qui se passe ici ?

Oh ! Je sais ! Il y a eu un dégât d'eau et mes parents ont dû faire venir des nettoyeurs professionnels ? Non, ça sentirait l'humidité, pas les produits… Oh ! Je sais ! Ils ont découvert de la moisissure dans ma chambre et ils ont fait décontaminer pendant mon absence. (Sans me le dire, évidemment, parce que je me serais retrouvée aux urgences pour crise de panique aiguë !) Non, ce n'est pas possible, mes parents font traiter la maison toutes les années. Oh ! Je sais ! Il y a eu un déversement de…

— Surprise !

Quoi ? Un déversement de surprise ? Bien sûr que non…

Talbot est apparu devant moi, tout sourire, un immense ballon à la main. Qu'est-ce qu'il fait là, lui ? Et c'est quoi, ce ballon ? Ce n'est pas ma fête… Et je n'ai pas trois ans non plus.

— Entre, Émy-Lee ! me dit-il, tout content. Viens voir ta nouvelle chambre.

Soudain, je comprends ! C'est une odeur de peinture que je sens depuis tout à l'heure ! Je secoue la tête, un peu ébranlée (ma nouvelle chambre ?), et j'entre sans perdre de temps. OK. C'est juste… C'est WOW ! Ça n'a plus rien à voir avec la pièce d'avant ! Je fais le tour sans savoir quoi dire, la bouche grande ouverte, les yeux écarquillés et la seule question qui me vient en tête, c'est…

— Pourquoi ?

— Pour te faire plaisir, me répond Talbot, en approchant de moi. Parce que je t'aime bien et que tu es importante dans ma vie. Et que tu es déprimée.

Il s'approche et passe un bras autour de mes épaules. Et moi, au lieu de le remercier (ce que ferait toute fille normalement constituée), je fronce les sourcils en regardant tout le monde qui s'est rassemblé pour me faire la surprise. Ils ont tous l'air très contents... Et moi... moi... Je repousse Talbot d'un geste vif et lui demande de s'en aller. Tout de suite ! Je crie à tout le monde de sortir de ma chambre et je claque la porte avec férocité. Vlan ! Je ne veux plus voir personne !

Émy, tu es là ?

Émy ! Réponds-moi !

Mais qu'est-ce qui t'arrive ?

On pensait te faire plaisir ! Veux-tu bien me dire ce qui t'a pris ?

Je ne sais pas…

Tu ne SAIS PAS ? Moi, ce que je sais, c'est que tu nous as tous mis à la porte ! Moi y compris !

J'ai *over*-réagi…

Ce n'est pas de l'*over*-réaction, c'est de l'égoïsme pur !

Je ne pensais jamais me faire traiter de la sorte par ma BFF !

Je suis désolée, Nad, je ne sais pas ce qui m'a pris…

Je vais appeler Talbot pour m'excuser.

Ce serait la moindre des choses. Il a vraiment travaillé fort pour te faire plaisir, celui-là !

Je l'aime beaucoup et ma chambre est super belle, mais je suis tannée qu'il essaie de me remonter le moral. Je suis tannée que TOUT LE MONDE essaie de me remonter le moral. Je ne suis pas dépressive. Je ne suis pas au bord du suicide non plus.

Je vais beaucoup mieux.

Ben là, disons que ce n'était pas un exemple d'une fille bien dans sa peau que nous avons vu !

Je sais…

Je ne contrôle pas mes humeurs, ces temps-ci…

Talbot en fait vraiment trop. Je ne suis pas sa blonde !

Et puis, c'est toi qui m'as conseillé de ne pas lui donner de faux espoirs.

Ouais… je sais bien que c'est ce que je t'ai dit, mais je n'en suis plus aussi sûre.

Il fait beaucoup de choses pour toi et, de ton côté, on dirait que tu es plutôt bien avec lui, non ?

Qu'est-ce que tu veux dire ?

Je ne suis pas à ta place, mais je me demande si tu ne ressens pas un peu plus que de l'amitié pour lui en fin de compte…

Es-tu en train d'insinuer que… Non ! Yark ! Talbot et moi ?

Franchement, Nad, tu me connais mieux que ça !

Justement ! C'est rare que tu réagisses aussi fort.

Peut-être que tu ne veux
pas t'avouer la vérité ?

Arrête ! Ce n'est pas du tout mon genre !

Toby, je ne dis pas... Mais Talbot ?
Il est trop... Il est trop...

Bon, je déteste faire ça, mais puisqu'il
le faut : gentil ? drôle ? attentionné ?

Toutes ces réponses ?

OK. Fin du sujet. Je ne veux plus
entendre parler de Talbot.

Comment ça va avec Mathias, toi ?

Argh, tu fais exprès ! Tu sais très bien que
si tu abordes ce sujet, je vais soudainement
me trouver autre chose de mieux à faire
que de t'écrire. D'ailleurs... il me semble
avoir entendu ma TES cogner à ma porte.

On se jase plus tard !

Bye !

Tiens, tiens !

Miss « tête dans le sable » qui se défile une fois de plus !

Je n'ai pas le choix de reprendre tes mots : « Je ne suis pas à ta place, mais je me demande si tu ne ressens pas un peu plus que de l'amitié pour lui en fin de compte… »

Nad ?

Tu es partie pour vrai ?

Espèce de pissou !

On se reparle plus tard.

13

NADEIGE

Aujourd'hui, nous sommes tous d'humeur morose. Personne ne semble avoir le goût de rire ou de s'amuser. Pour la première fois depuis un moment, j'ai l'impression de ne pas être la seule à ressasser mes idées sombres. J'observe les visages des jeunes assis en cercle et me concentre sur ce que cette fille, une certaine Zoé, est en train de raconter. C'est rare que j'écoute ce que les autres disent, mais elle est en larmes et ça me fait étrangement de la peine. (Je dis ça parce que je ne la connais pas, au fond, alors qu'est-ce que ça peut me faire qu'elle soit si triste ?)

— J'ai… j'ai essayé de changer, mais c'est impossible. Je suis toujours rattrapée par mes vieux démons et à chaque fois, c'est pareil.

— Que veux-tu dire exactement ? demande Carole, en se penchant vers l'avant pour bien montrer qu'elle se sent interpellée par les paroles de Zoé.

Celle-ci hausse les épaules puis lâche :

— Je fais exprès pour que mes relations ne fonctionnent pas. C'est comme si… comme si je pensais que je ne le méritais pas, au fond. Parce que… peut-être parce que je ne me trouve pas assez bonne pour que quelqu'un m'aime ?

Un petit silence accueille sa déclaration. Je crois que nous avons tous vécu des situations similaires. Moi aussi, j'ai refusé plus d'une fois de laisser les autres m'approcher, de peur d'être rejetée. Il n'y a qu'Émy qui a su percer ma carapace pour de bon. Sauf que, lorsque je pense à ma meilleure amie, je revois sa crise de l'autre jour et je lâche un long soupir. Je ne sais toujours pas ce qui lui a pris et le pire, c'est qu'elle non plus, si j'en juge par nos derniers échanges.

Mon soupir doit avoir attiré l'attention de l'animatrice de la séance, car elle se tourne vers moi et m'invite à me mettre debout pour parler. Je lève les yeux au ciel, mais finis tout de même par déplier les genoux lentement. Je me gonfle les joues, réfléchis, puis hausse les épaules.

— Je ne sais pas quoi dire. Je n'ai rien…

Mais je suis coupée par Mathias, qui se redresse et déclare :

— Raconte au moins notre soirée au refuge ! C'était quand même bien, non ?

— Non mais, t'as fini de toujours te mêler de mes trucs ?! lui dis-je tout bas.

— Au contraire, intervient la psy, c'est très intéressant. Tu as suivi nos conseils et tu y es allée, si je comprends bien ? C'est génial, Nadeige. Tu as fait preuve de beaucoup d'ouverture. Allez, on t'écoute.

Puisque je n'ai pas le choix, je m'exécute donc, mais de très mauvaise grâce.

— Ben voilà. On y est donc allés, Mathias et moi. D'abord, il a fallu nettoyer les cages, ce qui était long et pénible, parce qu'il y en a vraiment beaucoup. Puis, c'est devenu ultra dégueu, parce qu'il y avait des tonnes et des tonnes de crottes à ramasser dans la cour. Mais ensuite, c'était quand même bien, car on a brossé les chats. J'adore les chats, en fait. Je ne le savais pas avant, mais... je m'en suis rendu compte là-bas. La seule chose qui m'a un peu dérangée, c'est de savoir qu'ils ne peuvent même pas tous les accueillir parce que leurs locaux sont déjà pleins. Alors ils doivent les euthanasier. Vraiment triste et immoral, selon moi... Et c'est tout.

Ouais, mon petit monologue était pour le moins décousu, mais c'est tout ce que j'ai pu faire, étant donné mon peu d'intérêt pour les discours devant un groupe. En plus, j'ai terminé le tout sur une note plutôt triste et démoralisante, si on considère que les autres jeunes ne sont déjà pas très enjoués aujourd'hui…

— Hé, tu oublies le plus important ! ajoute Mathias pour changer l'ambiance.

Je lui fais de gros yeux pour lui ordonner de se taire, mais il continue comme si je n'existais pas.

— On a découvert que Nadeige avait bien des points en commun avec les félins, en fait. N'est-ce pas ?

— Hum…

— Oh ! Comme c'est drôle, s'enchante Carole, les mains jointes, contente de passer à un sujet plus joyeux. Ce serait une activité très profitable à refaire ici, en groupe, vous ne trouvez pas ? On pourrait tous décider quel animal nous ressemble le plus. Vous êtes d'accord ?

Je secoue la tête, parce que, très franchement, c'est l'idée la plus idiote que j'ai entendue durant cette thérapie. Pourtant, la psy passe étrangement au vote et tout le monde accepte de se prêter à ce jeu débile. Non mais, ce n'est pas vrai !? Je suis entourée de crétins ou quoi ? On s'en fiche de l'animal qui nous ressemble le plus !

Carole nous demande de nous lever et de nous installer devant un autre participant. Lorsque Mathias se place face à moi, je secoue la tête une nouvelle fois pour ne pas lui montrer que ça me fait plaisir qu'il me choisisse pour cet exercice... (Parce que ce n'est qu'un jeu, après tout. Que je le fasse avec lui ou un autre, ça change quoi?)

— D'accord. Alors, vous regardez l'autre dans les yeux et vous nous dites quel animal lui ressemble et pourquoi. Béatrice, tu commences.

Située un peu plus loin sur ma droite, celle-ci murmure que celle qui se trouve devant elle lui fait penser à une souris, parce qu'elle ne parle jamais très fort et qu'elle est toute petite. Ça fait bien rire les autres, mais, pour ma part, je ne peux pas dire que j'apprécie. C'est que je suis encore en train de me demander à quel animal identifier Mathias. Lorsque vient mon tour, j'hésite, me mords les lèvres, puis secoue la tête. Non, rien ne me vient.

— Allez, Nadeige, fais un effort. Tout le monde a trouvé quelque chose. Tu peux bien y arriver toi aussi, non ?

— C'est stupide, aussi, ce truc. Mathias ne me fait penser à rien !

Le principal intéressé fronce les sourcils et je regrette aussitôt mes paroles. Ce n'est pas très gentil, ce que je viens de dire. Pour me rattraper, je décide de lancer n'importe quoi. Ils veulent un animal, ils vont en avoir un !

— OK, d'abord. Il ressemble à… à un éléphant, alors !

— Un éléphant ? répète Mathias d'une voix sourde. Mais pourquoi ?

— Parce que… parce que tu es… imposant ?

— Tu me trouves imposant ? Vraiment ? insiste-t-il, alors que je cherche mes mots.

— Ben… un peu ? Tu es quand même grand…

Il serre les poings, puis me rétorque :

— En tout cas, toi, je sais à quel animal tu ressembles le plus, en fin de compte, et ce n'est pas à un chat. C'est à une autruche. Tu te caches la tête dans le sable pour ne pas voir ce qui t'entoure et tu crois que tout va bien.

— N'importe quoi ! Je ne suis pas comme ça !

— Bien sûr que oui ! me crie-t-il presque.

— Bon, je vous demanderais de vous calmer, vous deux, intervient Carole. Les insultes ne sont pas permises, ni le fait d'élever la voix. Allez tous reprendre votre place, s'il vous plaît, nous ordonne-t-elle.

Je retourne m'asseoir, les bras croisés. Qu'est-ce qui vient de se passer, exactement ? Je croyais que Mathias et moi, on s'entendait bien.

Alors pourquoi il s'est mis en colère après moi, au juste ? Je ne comprends plus rien. Ce n'est pas parce que je n'ai pas voulu jouer à ce jeu ridicule qu'il a le droit de me crier dessus !

D'ailleurs, la séance est presque terminée et la psy revient sur les raisons pour lesquelles nous devons travailler sur nous-mêmes et comment y parvenir. Je l'écoute d'une oreille distraite et dès qu'elle nous remercie d'être venus, je tente d'intercepter Mathias, mais ce dernier est déjà debout et se sauve vers la porte. Je n'ai pas le temps de lui parler qu'il a disparu dans la nuit.

Voyons ! Il ne m'attend même pas pour aller me reconduire comme les autres fois ? Il ne prend pas la peine de s'assurer que je vais revenir au pensionnat en un seul morceau ? J'essuie en vitesse les larmes qui me montent aux yeux pour que personne ne les remarque.

Je laisse sortir les autres et me dirige à mon tour vers la porte quand j'entends Carole prononcer mon nom. Je tourne la tête et l'aperçois qui s'approche.

— Nadeige ? Je peux te dire un mot ?

— Ouais… mais il est tard et je ne veux pas m'éterniser…

— Ce ne sera pas long, me rassure-t-elle, alors que j'attends qu'elle en vienne au fait.

Son regard se perd derrière moi, tandis qu'elle semble réfléchir à ce qu'elle va me dire. Moi, je commence à m'impatienter, quand elle se décide enfin.

— Tu sais, Nadeige, certaines personnes peuvent te sembler fortes et sûres d'elles alors qu'à l'intérieur, elles sont mortes de peur.

— Je n'ai pas peur ! Ce n'est pas pour ça que je ne voulais pas jouer, c'est juste que…

— Oh, mais ce n'est pas de toi que je parlais…

Je fronce les sourcils sans comprendre. Mais elle se contente de me faire un dernier sourire, puis de me souhaiter une bonne soirée. Hébétée, je tourne les talons et sors dans l'air frais. Bon… on dirait bien que je vais devoir marcher toute seule. Je descends les quelques marches quand une silhouette sort de l'ombre et me fait sursauter.

— Aaaaah ! Mais qu'est-ce que tu fais là ?

Mathias fait quelques pas vers moi, tout en restant silencieux, ce qui me met de très mauvaise humeur.

— Hé ! C'est quoi ton problème, au juste !? Et qu'est-ce que tu fais encore là, d'abord ?

Il hausse les épaules, sans me regarder, puis marmonne :

— Je t'attendais pour que tu ne marches pas toute seule dans le noir.

— Je ne suis pas un bébé, tu sais, j'aurais pu le faire.

— Ouais… je le sais, que tu peux te débrouiller toute seule. Sauf que je ne suis pas ce genre de gars, moi. Allez, tu viens ? me demande-t-il, toujours sans me jeter un regard.

Je me mets en marche à ses côtés sans trop savoir quoi dire. Je ne sais même pas ce qu'il me reproche, au fond. Si c'est à cause de cette histoire d'éléphant, aussi bien régler ça tout de suite. Je me racle donc la gorge et ouvre la bouche pour m'excuser en vitesse. Parce que les excuses, ça n'a jamais été mon fort…

— OK, je suis désolée d'avoir dit que tu ressemblais à un éléphant.

— Je m'en fiche ! rétorque-t-il un peu trop vite pour que ce soit sincère.

— Non, pour vrai. C'était ridicule. J'ai dit n'importe quoi pour qu'on passe à autre chose. Je ne pensais pas que tu le prendrais mal. Je ne comprends pas pourquoi tu es fâché et ça… ben ça me dérange, en fait. Parce que tu es le seul… ami que j'ai, par ici.

Cette fois, Mathias me lance un regard en coin, en ralentissant le pas. Il était temps, j'avais de la misère à le suivre, avec ses longues jambes! Il finit même par s'arrêter complètement et se met à fouiller dans ses poches. Il en sort son cellulaire et l'ouvre.

— Pourquoi on s'arrête? Tu viens de recevoir un appel?

Il secoue la tête en continuant de chercher quelque chose. Moi, je ne sais pas trop quoi dire et je finis par sautiller sur place, question de ne pas geler. Et enfin, il lâche un petit cri de victoire, avant de lever les yeux de son cellulaire pour revenir à moi.

— Bon, j'ai trouvé ce que je voulais te montrer.

— Quoi, au juste?

— Avant de te le montrer, je veux que tu me promettes un truc, d'accord?

— OK. Si tu veux, dis-je, indifférente.

— D'abord, il faut que tu saches que… si je suis cette thérapie de groupe, c'est parce que j'ai un problème de…

Il fait la grimace, comme s'il lui était vraiment difficile d'avouer ce qui le touche autant. Sans pouvoir m'en empêcher, je me rapproche et pose la main sur sa poitrine, que je sens battre à toute vitesse sous son manteau. Il baisse le menton vers moi et lève le bras pour appuyer sa propre main sur la mienne. Nos doigts s'entremêlent alors qu'il prend une grande inspiration pour avouer :

— Dès mon entrée à l'école, je me suis fait intimider par tout le monde. On riait de moi parce que... parce que j'étais différent. On me pointait du doigt et on m'insultait, aussi.

— Hein ?! C'est donc ben poche, ça ! Tu aurais dû te défendre et les envoyer promener !

— Ouais, sauf que je n'ai pas ton caractère, réplique-t-il avec un petit sourire. En tout cas, à la fin de mon primaire, j'étais dans un tel état que mes parents ont décidé de déménager pour que je change d'environnement. Bref, pendant l'été, j'ai commencé à faire énormément de sport, parce que j'avais besoin de me défouler. C'est aussi à ce moment que j'ai eu une poussée de croissance et que je suis devenu aussi grand.

— Je ne suis pas trop sûre de comprendre où tu veux...

— J'y viens, me coupe-t-il. Alors voilà, comme je disais, j'ai changé physiquement durant l'été et à mon entrée au secondaire, il y a trois ans, je n'étais plus le même. En apparence, du moins. Parce qu'à l'intérieur, j'étais le même gars un peu terrorisé à l'idée de faire rire de lui. C'est pour ça que je suis cette thérapie, pour apprendre à m'accepter. Ah, et tu sais, l'autre jour, quand je t'ai dit que j'avais une amie chez moi ?

— Ouais… ?

— Ben en fait, j'étais chez ma thérapeute, que je vois une fois par semaine. Encore…

— Je vois. Mais c'est quoi le lien avec l'éléphant ? Je ne voulais pas rire de toi, tu sais.

— J'imagine… sauf que ça m'a rappelé de bien mauvais souvenirs, m'explique-t-il en me tendant son cellulaire.

Je le saisis et essaie de reconnaître celui qui regarde l'objectif. C'est un garçon d'une dizaine d'années avec un sérieux problème d'embonpoint. Et quand je dis sérieux… je veux dire qu'il souffre clairement d'obésité ! Mais ça ne me dit toujours pas ce que…

OH MON DIEU ! Je rapproche l'appareil de mon visage pour confirmer que je ne me trompe pas. Mais non, c'est bien lui ! C'est Mathias ! Je reconnaîtrais ses yeux bleus partout ! Il reprend, la voix rauque :

— L'éléphant… c'est comme ça qu'ils passaient leur temps à m'appeler…

Sans pouvoir m'en empêcher, je ferme les paupières, totalement découragée par moi-même. Zut, comment je fais pour toujours me mettre les pieds dans les plats, moi ?!

Émy ? Ça va mieux ?

Salut, Nad !

Laisse-moi le temps de souhaiter bonne nuit à Toby.

Une petite minute…

OK. C'est bon ! Oui, ça va mieux. Et toi ? Passé une belle journée ?

De mon côté, je me sens ultra coupable, tu n'as pas idée…

Comment ça ? (Tu me fais peur !) Coupable de quoi ?

J'ai fait une gaffe.

EN-CO-RE ?

Oui, encore ! Et ce n'est pas très gentil de ta part de me rappeler que j'en fais sans arrêt, tu sais !

Qu'est-ce qui s'est passé, cette fois-ci ? Tu ne t'es quand même pas fait renvoyer de ton école ?

Mais non, ça ne concerne pas le pensionnat !

C'est Mathias… je pense que je lui ai fait de la peine.

Qu'est-ce qui te fait dire ça ?

Ça fait une semaine qu'il ne m'a pas écrit !!!

C'est un signe qu'il est encore blessé, non ?

Quoi ? Vous vous écrivez souvent, d'habitude ?

En tout cas, te connaissant, j'imagine que tu as sûrement fait un truc pas possible. (Sans t'en rendre compte, évidemment !)

Je lui ai dit quelque chose de méchant (mais bon, je ne savais pas que c'était méchant à ce moment) et il l'a très mal pris. Bon, je le comprends, étant donné ce qu'il a vécu dans son enfance, mais comment je pouvais savoir, moi, qu'il avait déjà été obèse ?!

Quoi ? Il est obèse, ton Mathias ? Je croyais qu'il était beau et grand et fort et musclé !

Désolée, je me suis peut-être fait des idées…

C'est compliqué. Il faudrait que je te parle au téléphone pour réussir à tout t'expliquer. Ça te dirait qu'on se donne un rendez-vous téléphonique, un soir de cette semaine ?

Mardi, c'est bon pour toi ?

Peu importe, je m'arrangerai.

On se dit mardi à 19 h ?

Super !

OK, j'ai hâte de te parler...

14
ÉMY-LEE

Midi quinze. Je souris.

Pourquoi je souris ? Parce que j'ai ENFIN trouvé le lieu parfait pour être tranquille à l'heure du dîner, c'est-à-dire le corridor du deuxième étage ! Je suis seule avec les murs beiges, les néons blafards et quelques araignées qui se demandent pourquoi je viens troubler leur tranquillité. Assise dans un petit coin entre le local de vie communautaire et l'entrepôt du concierge, je peux…

✓ Manger en paix ! Personne ne cherche à analyser la quantité de nourriture que j'ingère ! (« Ce n'est pas assez nourrissant, Émy-Lee ! » « Il n'y a pas assez de légumes dans ton repas, Émy-Lee ! » « Tu es en pleine croissance, Émy-Lee ! ») Pff !

✓ Aller sur *L'ABC de la fille déprimée* en paix !

✓ Écouter Black Killers en paix ! Personne ne commente mes choix douteux en matière de musique, le son trop fort dans mes écouteurs ou le message destructeur véhiculé dans les paroles de leurs chansons. Sérieux, je n'écoute pas Black Killers pour la beauté de leurs paroles (je ne les comprends même pas de toute façon!), mais parce qu'ils me rapprochent un peu de Toby...

Mais le plus important dans tout ça, c'est que je n'ai pas besoin de me justifier auprès de Talbot, qui ne cesse de me suivre partout depuis que j'ai piqué une petite crise, l'autre jour. Il m'envoie des messages, m'écrit des petits mots sur ma case, m'appelle tous les soirs, bref, il est super inquiet pour moi alors qu'en fait je dirais que c'est plutôt le contraire. Je vais de mieux en mieux.

J'ai eu beau lui sortir la théorie de la fille qui ne contrôle plus ses émotions à cause des hormones de l'adolescence (il ne faut pas sous-estimer les hormones de l'adolescence, surtout l'oestrogène, qui peut faire bien des dégâts, à ce qu'il paraît), il ne m'a pas crue une seconde et a insisté pour que je me confie à lui dès que j'en ressens le besoin.

Sauf que Talbot ne fait pas vraiment partie de ma liste de confidents potentiels. Au contraire !

LISTE DES PERSONNES À QUI JE NE VOUDRAIS **SURTOUT PAS** ME CONFIER :

- ✓ Mes parents. Parce qu'ils sont hyper contrôlants, ces temps-ci !
- ✓ La greluche. Parce que c'est une greluche, c'est bien suffisant, comme raison.
- ✓ Mon prof de math : trop vieux, il ne comprendrait pas. Mon prof de français : trop jeune, il ne comprendrait pas. Mon prof de sciences : trop moustachu, il ne comprendrait pas. Mon prof d'édu : trop… trop quoi ? Euh… Trop sportif ? Non, ce n'est pas une bonne excuse. Trop musclé ? Aucun rapport ! Bon, je trouverai bien quelque chose…
- ✓ Le facteur, le livreur de pizza, la caissière de la pharmacie, le gars du câble, la grand-mère de ma voisine, bref, les trois quarts de la terre au complet.
- ✓ Talbot. Parce qu'il est juste TROP INTENSE !

C'est dommage, parce qu'il a un petit côté pratique : il se soucie vraiment de moi, il est toujours disponible et il cherche à me rendre heureuse par tous les moyens. Et moi, je ne lui offre absolument rien en retour… Je l'évite, j'évite ses messages, j'évite ses appels. Je ne lui ai presque pas reparlé depuis qu'il m'a offert une chambre du tonnerre !

Bref, je suis une égoïste de la pire espèce.

Mes paupières se ferment et un grand soupir s'échappe de ma poitrine. Qu'est-ce que je suis en train de devenir ? Je ne veux pas ressembler à ces créatures sans cervelle, sans cœur et sans compassion qui hantent les corridors de cette école. Je ne veux pas devenir une élève-zombie qui ne pense qu'à sa petite personne et qui se fiche du reste du monde. Ce n'est pas moi, ça. Je veux rester qui je suis. Mais ce n'est pas facile, ces temps-ci. C'est même très difficile.

J'ouvre mon ordi et je me rends sur *L'ABC de la fille déprimée*. Je sais que je devrais arrêter de passer ma vie sur ce blogue (parce qu'en théorie, je ne suis plus déprimée, maintenant ; je suis aussi heureuse qu'un clown dans une fête d'enfants ; OK… peut-être pas tant que ça…), mais les articles et les billets qu'elle publie sont vraiment intéressants. Il n'y a pas de mal à se garder en forme psychologiquement, non ? Qui sait, je vais peut-être tomber sur un texte qui explique comment s'excuser auprès d'un ami qui est toujours très gentil et qu'on a quand même envoyé promener…

Aujourd'hui, Fille déprimée nous conseille de prendre soin de notre image. Elle dit que c'est une étape importante dans l'acceptation de soi et du chemin qui mène au bonheur, et blablabla… Je lis son texte en entier à plusieurs reprises et je réalise qu'elle vient de mettre le doigt sur le bobo. Non, pas sur le bobo. Sur une plaie géante qui n'a jamais été guérie et que je dois soigner le plus rapidement possible. Mon image !

Ce n'est pas toujours facile d'être la BFF de Nadeige Leblanc, vous saurez. Elle est grande, elle est blonde, elle a de grands et merveilleux yeux verts, elle a un sourire magnifique (quand elle veut bien le montrer), et peu importe les vêtements qu'elle porte, ça lui va super bien. Je fais bien pâle figure à côté d'elle avec mes minuscules yeux noirs, mes cheveux raides comme des poils de balai, mes tout petits pieds de rien du tout (OK, les pieds, on s'en fiche un peu, mais quand même !) et mes cinq pieds de haut. Je ne peux pas faire grand-chose pour ma grandeur, mais le reste, pourquoi pas ? Je pense que je suis prête pour un petit changement de look !

Pressée d'en parler à quelqu'un, je décide d'envoyer un message à Toby.

Salut ! Qu'est-ce que tu fais de bon, ce midi ?

Salut, Émy ! Je prends l'air avec mes amis. Il fait super beau. Et toi ?

J'étais sur le blogue. Fille déprimée me conseille de changer de look. Qu'est-ce que tu en penses ?

Oh, oui, j'ai lu son article.

C'est toujours bon pour le moral, un peu de changement ! Tu as pensé à quoi ?

Je ne sais pas. Peut-être une coupe de cheveux différente.

Pourquoi pas des mèches de couleur ?

Euh… Je ne sais pas. Tu aimes ça, toi, les mèches ?

Ouais ! J'ai toujours été attiré par les filles originales. Hé ! Pourquoi pas un tatouage ?

Hein ? Un tatouage ? Je pensais à un changement un peu moins radical… et moins permanent…

De toute façon, mes parents ne me donneraient jamais la permission.

Pas besoin. Je connais un gars qui peut te faire ça sans problème. Pas trop cher, en plus.

Je ne suis pas sûre…

J'ai une idée ! Surprends-moi ! Change ton look, prends une photo et envoie-la-moi ! Je vais faire la même chose de mon côté.

Tu vas changer de look toi aussi ?

Non, mais je vais essayer de te surprendre à ma façon. *Deal* ?

OK. *Deal* !

Je ferme ma messagerie et je souris, le cœur bondissant. Comme c'est excitant ! Je ne sais pas encore ce que je vais faire comme changement, mais je me sens revivre ! Toby a eu une excellente idée ! C'est exactement ce dont j'avais besoin. (Peut-être pas un tatouage, mais quelque chose de spécial, de différent, de plus osé !)

Je ne sais pas comment il fait, ce Toby, mais il me donne carrément des ailes ! Je n'ai pas peur d'être moi-même quand je lui écris. Je n'ai pas à faire attention à ce que je dis. Ni à ce que je pense. Je fais ce que je veux et si jamais il n'est pas content, il n'a qu'à ne plus m'écrire. Ça m'enlève un poids de savoir que je n'ai pas besoin d'être une amie parfaite avec lui. Je n'ai pas de comptes à lui rendre. Je ne risque pas de le croiser à l'école non plus. C'est ça, l'avantage d'une relation virtuelle. (Relation ? Amitié ? Fréquentation ? Je ne sais pas trop comment la nommer, mais ça me plaît bien.) En plus, je sens qu'il fait vraiment des efforts pour bien écrire, quand on se texte. Je sais que c'est un détail, mais c'est important pour moi.

Bien décidée à l'impressionner, je décide de m'occuper de mon look le soir même. Mon premier réflexe est de penser à Nad pour m'aider, mais c'est impossible, évidemment. Ma mère? Non. Trop conventionnelle. Delphine? C'est un peu délicat. Je n'ai même pas pris la peine de lui reparler depuis qu'elle a fait de ma case la plus belle œuvre d'art de toute l'école.

Soudain, je réalise un truc assez déprimant. Je. N'ai. Pas. D'amis.

Ouch! Ça fait mal, ça! Je suis rejet.

En même temps, je ne vois pas pourquoi je suis si surprise. Depuis que Nad est à l'autre bout du monde et que Maax m'a jetée comme une vieille boîte de conserve, je me suis complètement refermée sur moi-même. J'ai repoussé tous ceux qui sont venus vers moi. Bravo. Me voilà seule au monde!

Seule? Non… Pas vraiment…

Talbot? Es-tu là?

Oui. Qu'est-ce qu'il y a?

Je voudrais m'excuser.

Pourquoi ?

Pour ma réaction de bébé gâté, l'autre jour. Ma chambre est vraiment trop *hot* ! Elle est parfaite ! Les couleurs sont parfaites, la déco est parfaite, les accessoires sont parfaits. Bref, je m'excuse.

OK. Mais tu t'étais déjà excusée, tu te souviens ?

Oui, mais là, je le pense pour vrai.

Ah.

Ouin… C'est poche, je sais. Je n'étais pas vraiment sincère, la dernière fois. Ben, un peu sincère, parce que je n'étais quand même pas super fière de ma réaction, mais je viens de réaliser un truc.

Lequel ?

Tu es mon ami.

Content de l'apprendre ! ☺

Genre, un vrai ami. Tu es toujours là pour moi. Tu l'as été dès mon premier jour dans ce collège, tu te souviens ?

Bien sûr que je me souviens !
Tu tremblais comme une feuille !

Tu ne m'as pas lâchée, depuis. Merci.
Tu es vraiment quelqu'un de bien !

Wow ! Est-ce que c'est... Émy-Lee...
Est-ce que c'est une déclaration ?
Parce que si c'est le cas, dis-moi où tu es et je te rejoins sur-le-champ !

Hein ? Non !

Tu n'as pas à être gênée, tu sais. Les gens sont de plus en plus ouverts aux relations multiculturelles.

Ce n'est pas ce que tu crois !

Et ça va me faire plaisir de visiter ton pays, un de ces jours. Nos enfants vont être tellement beaux ! On pourrait les appeler Roger-Chao et Kyu-Lucette Talbot.

Arrête tout de suite!

Ils vont faire du karaté.

Talbot!

Et je vais leur cuisiner de la soupe won-ton et des petits rouleaux.

Ça suffit!

LÀ, J'HÉSITE ENTRE PLUSIEURS OPTIONS:

✓ Éteindre ma messagerie.

✓ Bombarder Talbot d'émoticônes ridicules (diable, bonhomme fou, crotte, éclair, gants de boxe, vomi).

✓ Le bloquer de mes contacts.

✓ Essayer de le trouver dans l'école pour lui donner une bonne «bine» sur l'épaule.

Mais je n'ai pas le temps de décider. Je tourne la tête et remarque qu'il est assis juste à côté de moi. Je fais tellement le saut que la « bine » part toute seule.

— Torbinouche ! Tu veux ma mort ou quoi ? Pourquoi tu te déplaces toujours en silence ?

— Désolé, me dit Talbot en se frottant l'épaule (je ne l'ai pas manqué). Je vais essayer de faire plus de bruit la prochaine fois.

Il approche son visage du mien et me demande :

— Alors, on s'embrasse ou pas ?

— Non ! dis-je en me levant d'un bond. Non ! Ce n'était pas une déclaration ! On n'aura pas d'enfants ensemble et on ne les appellera pas Serge-Thérèse Tuang-Cho !

— Roger-Chao, me reprend Talbot, les yeux brillants.

— Peu importe ! Je ne suis pas amoureuse de toi… Je… Je veux juste être ton amie, tu comprends ?

Talbot penche la tête, essuie une petite poussière sur le bout de son pied et se mord l'intérieur de la joue. Puis, il se lève à son tour et me sourit gentiment.

— Amie… C'est mieux que rien, déclare-t-il en m'ouvrant les bras.

Je lui fais un câlin (c'est moi ou il me renifle les cheveux de façon un peu trop insistante ?) et lui demande :

— Ça te dit, un petit tour au centre commercial, ce soir ?

Nad?

Minute…

Nad, es-tu là? Tu n'en croiras pas tes yeux!

Scuse, je suis là. Mon ordi est lent,
ce soir, je ne sais pas trop pourquoi.

Je suis allée au centre
commercial avec Talbot.

Avec Talbot? C'est bien ce que tu as écrit?

Oui, avec Talbot.
Non, ce n'est pas ce que tu crois!

C'est juste un ami. (Tu n'es jamais là, il
faut bien que je compense ton absence!)

Ben là! Me faire remplacer par
Talbot, je ne sais pas trop comment
je dois le prendre non plus…

On a passé une super soirée!

Je me suis acheté de nouveaux vêtements et... tiens-toi bien...

Vas-y, plus rien ne m'étonne, on dirait...

J'ai changé de coupe de cheveux!

QUOI?! Mais ça fait genre des années que tu as la même! Et là tu la changes sans m'en parler d'abord!

Tu es sérieuse ou tu fais une blague!?

Oui, oui!

Pas le choix, tu DOIS me montrer IMMÉDIATEMENT!

Attends, je t'envoie une photo.

Voilà.

Tu l'as reçue?

Minute, mon ordi est ultra lent...

OK, je viens de la recevoir. Je l'ouvre et…

Ben là ! C'est à peine si
tu les as fait couper !

Tu m'as fait peur, je m'attendais à
un truc extrême-*make-over*, genre !

Ça te fait super bien, en tout cas.

Merci ! Je vais peut-être me faire des
mèches bleues en fin de semaine.

Faudrait pas exagérer non plus.

Des mèches, ce n'est pas vraiment toi, ça !

Pourquoi pas ? Je suis tannée de
mon air de petite fille parfaite.

Je suis une nouvelle Émy-Lee !

Attends de voir ce que je me suis
acheté : des jeans avec des trous !

Avec des trous ? Tu n'as pas peur de laisser entrer les microbes, de t'infecter un genou et de te retrouver avec une septicémie ???

(Ce mot, tu me le répètes assez souvent quand je m'érafle le doigt, je commence à le connaître !)

Hi ! Hi ! Je te laisse ! Je veux travailler quelques figures avant d'aller au lit.

Des figures ? Pas sûre de comprendre…

De skate, voyons ! Je suis une *rideuse*, maintenant !

Une *rideuse* !? Et c'est quoi ce mot, d'abord !

Je ne pense même pas qu'il soit accepté au scrabble !

Aucune idée ! 😉

Mais je compte bien réussir un *ollie* d'ici la fin de la semaine.

Bon, mais ne te fais pas mal, quand même.

Ton nouveau look n'irait pas très
bien avec un plâtre, tu sais…

(Je blague !) Bonne nuit !

OK! À +!

15

NADEIGE

RAISONS POUR LESQUELLES JE DÉTESTE FAIRE LE MÉNAGE

* Parler de ménage rend TOUJOURS mes parents de mauvaise humeur.
* Ça crée des conflits entre eux et moi.
* Ça me fait perdre un temps considérable.
* Sans compter que le temps, c'est de l'argent !
* Il m'est déjà arrivé d'aspirer des choses avec la balayeuse et de les perdre À JAMAIS !
* Ça me cause du stress et des maux de tête. (Enfin... plutôt lorsque je cherche des raisons pour ne PAS le faire.)
* Et finalement (même si je peux sûrement trouver un tas d'autres raisons), je ne retrouve jamais rien par la suite. (Je vous le jure !)

Bref, pas pour rien que ma chambre n'a jamais été un modèle de rangement ! Évidemment, mes parents se fichent bien de mes arguments, eux…

C'est la raison pour laquelle, présentement, je suis en train de vivre un vrai enfer ! Tous les élèves du pensionnat ont été regroupés dans l'immense cour. Des râteaux sont installés dans un coin avec des sacs de plastique et d'autres outils à nettoyage. J'angoisse à l'idée de ce qui s'en vient : on va devoir décrotter les lieux !

Bon, c'est vrai qu'un bon nettoyage ne fera pas de tort à la cour, si j'en juge par les papiers qui s'accumulent près des clôtures, les feuilles à moitié compostées qui s'étendent à perte de vue et les branches qui sont tombées des arbres et qui jonchent le sol. Elle a vraiment piètre mine…

Mais pourquoi ce serait à nous, les élèves, de nous en occuper ? Ils n'ont pas des employés pour le faire ? Au prix que paient nos parents pour nous envoyer ici, il me semble que ceux-ci ne seraient pas contents d'apprendre que leurs enfants se salissent les mains au lieu d'étudier ! OK, j'exagère et je me plains pour un truc qui, au fond, ne me dérange pas tant que ça. Parce que très sincèrement, passer la journée à l'extérieur et non dans les salles de cours, c'est loin d'être si pénible…

Nous sommes séparées par groupes selon notre numéro de classe. Le mien est chargé de ramasser les feuilles mortes pour les mettre dans des sacs biodégradables. Je l'ai souvent fait avec mon père et ça peut même devenir amusant. J'empoigne donc un râteau et commence à travailler sans relâche. Ça défoule et tant que je n'ai pas besoin de ramasser des crottes d'animaux ici et là, il n'y a pas de quoi fouetter un chat. J'ai un peu exagéré mon calvaire, il faut croire… (Je vous entends déjà me dire « comme d'habitude »…)

Les joues rouges et le souffle court, j'entasse une dizaine de sacs déjà bien pleins lorsque l'heure du dîner arrive enfin. Je dois être celle qui a travaillé le plus fort, si j'en juge par le peu de sacs remplis de peine et de misère par les filles de ma classe. Elles n'aiment pas trop se salir les mains, celles-là.

Nous sommes ensuite invitées à aller nous nettoyer rapidement avant de nous diriger vers la cafétéria. Je m'apprête à suivre les autres quand Margot vient me rejoindre et me demande si je peux lui rendre un service.

— Il faudrait aller porter les sacs au chemin pour qu'un camion de la ville les ramasse. Le hic, c'est qu'il passe bientôt, je crois. Penses-tu pouvoir t'en charger avant le dîner ? Je te regardais travailler, tout à l'heure, et tu es très efficace, tu sais.

— Hum, hum… Ouais… Ça me fait du bien de bouger. J'ai l'impression que mon cerveau se vide pendant ce temps et… c'est plutôt relaxant, en fait.

— En effet, tu as raison. J'ai lu dans ton dossier que tu étais…, hésite-t-elle à terminer.

— Je suis TDAH, je sais ! Ce n'est pas une maladie honteuse, vous pouvez prononcer ces mots, franchement ! dis-je, un peu susceptible.

— Bien sûr, désolée si je t'ai vexée. Parfois, certains jeunes n'aiment pas aborder ce sujet. Tant mieux si tu n'as pas de problème avec ça.

Je me calme aussitôt. Après tout, Margot a simplement voulu être gentille. Je n'ai pas de raison de lui en vouloir. Mais mes vieilles habitudes sont dures à perdre et je suis souvent sur la défensive. En plus, je ne devrais pas m'en faire. Je suis comme ça, point final.

— Non, ça va. Je m'emporte un peu vite…

— Ce n'est pas grave, je comprends. Soit dit en passant, si jamais tu veux canaliser ton énergie autrement, pourquoi tu ne démarres pas une activité quelconque ? Ce serait une bonne façon de repousser tes limites et de voir jusqu'où tu peux aller. Mais bon, je parle, je parle, alors que je viens de te demander d'aller porter ces sacs.

On en rediscutera une autre fois dans mon bureau, si c'est le genre de choses qui t'intéresse.

Je hoche la tête, laissant en suspens sa suggestion, puis j'attrape deux sacs afin d'aller les mettre sur le bord du chemin. Je recommence mon manège à plusieurs reprises, tandis que mon cerveau roule à cent à l'heure.

Démarrer une activité... C'est loin d'être dans mes habitudes. Moi, je préfère de beaucoup rester dans mon coin et ruminer mes frustrations. Surtout depuis que je ne peux plus passer autant de temps que je le veux avec Émy. Si elle était là, il me semble que tout irait bien dans ma vie. Mais depuis notre « séparation », en septembre dernier, rien ne va plus ! Autant pour elle que pour moi...

Alors lancer un projet, je ne vois pas comment je m'y prendrais. Et quel projet, d'abord ? Aucune idée ne me vient en tête. En plus, ce n'est pas comme si j'avais beaucoup de centres d'intérêt ou que je pratiquais plusieurs activités en général. À part le bénévolat que je n'ai fait qu'une seule fois au refuge et mes séances de thérapie, il ne se passe pas grand-chose dans ma vie depuis que je suis ici.

À moins que... Mais bien sûr !

Peut-être que c'est justement ça que je pourrais faire ! Jumeler mon bénévolat avec ma thérapie de groupe ! Les autres jeunes qui suivent ces séances semblaient adorer les animaux. Ils voulaient tous avoir des nouvelles de ceux que j'avais recueillis. Sans compter qu'ils ont (étrangement) tripé lors de ce jeu débile (désolée...) !

Alors voilà ! Il faut que je trouve une façon de les impliquer davantage. Oui, mais comment ? On pourrait bien sûr faire du bénévolat, mais il me semble que ce n'est pas suffisant. Je dois proposer quelque chose qui n'a jamais été fait avant. Quelque chose comme...

OH, je sais ! La dernière fois que j'ai voulu aider des animaux abandonnés, j'ai vite trouvé un endroit où les envoyer. C'est exactement ce que je dois faire, encore une fois. Il faut que nous montions un programme de... de jumelage ! Des genres de foyers d'accueil, par exemple. Pour des familles qui ne veulent pas nécessairement adopter des chatons ou des chiots, mais qui sont prêtes à les prendre le temps qu'on leur trouve une maison. Je sais que ça existe déjà dans ma propre ville, mais ici, je ne crois pas que ce soit le cas.

Tout en continuant à transporter des sacs de feuilles, je suis en train de monter le projet dans ma tête. Je m'imagine déjà en parler à Margot, puis aux jeunes qui suivent la thérapie avec moi. Et finalement, à Mathias... Ça me donnerait une raison de lui écrire. Peut-être qu'il attend que ce soit moi qui fasse les premiers pas, après tout. Il se pourrait même qu'il n'ait plus de peine à cause de moi. Qu'il soit simplement mal à l'aise depuis notre dernière conversation.

Je me dépêche de terminer mon travail, puis je cours vers le pensionnat, direction ma chambre. Pas le temps de manger, j'ai d'abord un message à envoyer. J'ouvre mon ordinateur sans même m'asseoir confortablement sur mon lit et me ronge les ongles, en attendant que tous les onglets s'affichent. C'est donc bien long!

Je ne sais pas si c'est le WiFi qui ne rentre pas bien entre les murs du pensionnat ou si c'est mon ordinateur qui se fait vieux, mais je dois respirer par le nez pour ne pas le balancer contre le mur. Allez, dépêche!

En attendant de moins en moins patiemment que l'écran de départ s'affiche, je me relève et en profite pour retirer mes bottes et mon manteau, que je lance dans un coin de la pièce déjà encombrée par mon linge sale. Il faudra songer à ramasser le tout plus tard, sinon je n'aurai bientôt plus de place pour circuler!

Enfin, je peux avoir accès à ma messagerie et à Facebook. J'ouvre le deuxième et passe en mode messagerie privée avec Mathias. Mes doigts hésitent sur le clavier le temps que je choisisse les mots que je vais écrire.

Mathias ? Comment tu vas ?

Je n'ai pas eu de nouvelles de toi depuis… depuis la dernière fois.

Mouais… ça devrait aller. Il vaut mieux ne pas trop revenir sur ces événements. Je ne veux pas qu'il se sente mal à cause de ce qu'il m'a avoué. Mais je pourrais ajouter un truc ou deux pour lui expliquer les raisons de mon message. Concentrée, je me remets à taper sur les touches.

Donc, en fait, je t'écris parce que j'ai eu une idée spéciale dont je voulais te parler en premier. Ça concerne le refuge. Et les jeunes qui suivent la thérapie avec nous.

Et toi. Et… c'est pas mal ça.

Je me relis, constate que je n'écris jamais des phrases complètes, soupire, puis hausse les épaules. Mathias va comprendre l'essentiel, alors il ne faut pas non plus paniquer avec ça. Je pose la main sur mon écran pour le refermer quand une réponse entre à ce moment et émet un petit signal sonore.

J'ai été pas mal occupé.

Une idée ? Ta tête est remplie d'idées, on dirait...

Qu'est-ce que c'est, cette fois ?

Ma tête est remplie d'idées ? De quoi il parle, lui ! Je ne me soucie pas de sa réponse et continue plutôt sur ma lancée.

Je voudrais aider les animaux abandonnés, comme tu le sais déjà.

Et je trouvais que c'était moche que le refuge ne puisse pas tous les accepter.

Alors j'ai pensé à quelque chose...

Ah non ! Ne me demande pas de les prendre chez moi en attendant !

Mieux que ça !

Je me suis dit qu'on pourrait trouver des familles d'accueil pour les animaux.

Des gens qui ne veulent pas les garder pour toujours, mais qui sont prêts à les prendre quelques semaines, quelques mois. Bref, le temps qu'il faut pour qu'ils se trouvent une famille.

Ouais… c'est intéressant.

Mais comment on ferait pour organiser tout ça ?

C'est ici que les jeunes de la thérapie seront utiles !

En groupe, c'est toujours plus simple de démarrer quelque chose.

Et ils aiment tous les animaux, non ?

J'imagine qu'on pourrait en discuter lors de la prochaine séance.

Tu aimerais qu'on se voie avant pour régler les détails ?

J'avale de travers en lisant sa proposition. Mes mains tremblent lorsque je finis par répondre.

OK, mais il va falloir que je demande la permission à la direction.

Tu sais, les fameuses règles à suivre…

D'accord. Tiens-moi au courant, alors.

Je suis libre ce soir et demain, si jamais…

Parfait, je t'écris après les cours, tout à l'heure.

À plus, Nadeige !

Et… je suis content que tu m'aies écrit.

Je pensais que tu étais peut-être… je ne sais pas, sous le choc ?

Ben voyons !

C'est moi qui croyais que je t'avais fait trop de peine et que tu m'en voulais !

Et sous le choc de quoi, au juste ?

De la photo que tu as vue…

Franchement ! Ce n'est qu'une photo qui date de plus de cinq ans !

En plus, même si tu étais encore… comme ça, je m'en ficherais !

Vraiment ?

Absolument !

Bon, il faut que je te laisse, je suis en train de rater tout mon dîner, moi.

Je referme enfin le couvercle de mon ordinateur et prends le temps de respirer deux bons coups. Mon projet pourrait vraiment voir le jour ! C'est hyper emballant ! Pour une fois, j'ai l'impression de pouvoir être utile aux autres. C'est drôlement agréable, je dois dire.

Je secoue la tête. Voyons, qu'est-ce qui me prend ? Ce n'est qu'une idée de rien du tout, au fond ! Il me reste encore à la faire accepter par la direction. Commençons par Margot. Elle est toujours prête à me rencontrer, alors autant en profiter. Je passe par la cafétéria, m'achète un sandwich et un jus, puis je file vers le bureau de ma TES.

Je pousse la porte sans même avoir cogné.

— Mais qu'esche que tchu fais là ?! me demande Margot, la bouche pleine et les yeux ronds.

— Continue de manger, lui dis-je en prenant place devant elle. Tu te souviens de ce que tu m'as dit, tout à l'heure, à propos d'une activité à démarrer ? Tu avais raison ! Je pense que c'est une très bonne idée et d'ailleurs, je suis venue en discuter avec toi. J'aurais besoin d'avoir une permission spéciale pour organiser tout ça avec Mathias. Il est libre ce soir ou demain, donc il faudrait se dépêcher de me signer ça. Je ne vois pas pourquoi ça ne fonctionnerait pas, alors j'imagine que ce ne sera pas un problème. Est-ce que j'attends ici que tu… ?

Pas le temps de terminer ma phrase, Margot avale enfin sa bouchée et hausse le ton pour s'écrier :

— Nadeige Leblanc ! Quand je t'invite à venir me voir n'importe quand, ça ne veut pas dire de ne pas t'annoncer ! De rentrer dans mon bureau comme dans un moulin ou de t'imaginer que nous allons tout te donner sans poser de questions !

— Ben là… pas besoin de parler aussi fort. Je pensais juste que…

— Désolée si je te semble en colère, mais tu as la fâcheuse manie de croire que tout t'est permis, je trouve. Je suis ici pour t'aider, mais tu dois apprendre la patience. Par exemple, tu ne dois pas rentrer sans avoir cogné et, surtout, sans t'être assurée que je suis disponible !

Je me retiens de rétorquer quoi que ce soit. (La preuve que je fais quand même d'énormes progrès !) Margot fait alors bouger ses sourcils avec un petit mouvement de la tête et cela me prend quelques secondes avant de saisir où elle veut en venir.

— Non… tu veux que je ressorte ?

— Exactement, me répond-elle avec un grand sourire.

— Mais là ! C'est ridicule ! J'ai compris, la prochaine fois, je vais cogner !

— Nadeige, SORS !

Je ronchonne, tout en me relevant :

— C'est bon, c'est bon, pas besoin de hurler…

Je finis tout de même par quitter la pièce de reculons. Margot me pointe la porte, que je referme, non sans avoir fait claquer ma langue fortement. (Inspire, expire, Nadeige…) Et enfin, je frappe deux petits coups sur la porte pour montrer ma bonne foi. Rien. Aucune réponse. Je l'ouvre donc, pour savoir à quoi joue Margot, mais elle me crie aussitôt :

— JE NE T'AI PAS DIT D'OUVRIR !

— Mais là…

— Si je ne réponds pas, c'est que je ne suis pas là ou que je suis occupée. Et tu n'as aucunement le droit d'ouvrir dans ce cas ! C'est clair ?

Ce qui est clair, c'est que je vais passer mon tour et aller voir ailleurs si j'y suis ! Mais pour ne pas recevoir une punition ou pire – me faire refuser ma demande de permission –, je referme sa satanée porte en douceur, puis je tourne les talons. Quelques secondes plus tard, j'entends ma TES m'appeler à l'autre bout du couloir.

— Nadeige ?

Sauf que je suis déjà rendue loin. Je reviendrai la voir plus tard. J'ai l'estomac dans les talons et encore bien des choses à préparer pour ce nouveau projet. En plus, je commence à la connaître, Margot : elle essaie de faire preuve d'autorité, mais au fond, elle ne peut rien nous refuser.

J'aurai sûrement droit à ma permission avant la fin de la journée…

J'ai à peine quelques minutes pour te parler parce que je m'en vais rejoindre Mathias !

Salut à toi aussi, Nad !

Tu vas rejoindre Mathias ? Un soir de semaine ?

Oui, oui, un soir de semaine !

Permission spéciale donnée par ma TES qui trouve que je fais d'immenses progrès.

Tu as une permission spéciale pour un rendez-vous galant ?

Ouin, je pensais que c'était plus sévère que ça, dans ton pensionnat !

Mais non, ce n'est pas un rendez-vous galant !

Si c'était le cas, tu serais la première informée, voyons !

Pas si sûre… Tu n'es pas très bavarde quand c'est le temps de me parler de tes histoires de gars.

Je veux tout savoir!

OK, je t'explique: j'ai décidé, moi, Nadeige Leblanc, de démarrer un projet « communautaire », disons.

Avoue que je t'impressionne, hein?

Euh… Vraiment! Communautaire comment? Tu vas aider les sans-abri?

Servir à manger dans une soupe populaire?

Je ne peux pas tellement t'en dire plus pour le moment, mais ça concerne mon intérêt pour les animaux ET ma thérapie de groupe.

Mathias et moi, on va essayer d'impliquer les jeunes avec nous.

C'est donc ben cool!
Je suis fière de toi, Nad!

Je te souhaite que ça marche!

Je suis là si tu as besoin d'un
coup de main. Ben...

Pas là, là, mais pas trop loin non plus.

En tout cas, tu comprends
ce que je veux dire.

Oh zut, j'aimerais te donner plus
de détails, mais je dois partir.

On se jase à mon retour?

OK. Je vais attendre ton message.

Bonne soirée avec ton beau mec! 😉

À plus!

Et ce n'est pas mon beau mec!!! 😣

16

ÉMY-LEE

Ce soir, j'ai eu droit à un conseil de famille.

Pour ceux qui ne savent pas ce que c'est, un conseil de famille, c'est un moyen qu'ont trouvé mes parents pour faire semblant de nous consulter, mon frère et moi, avant d'instaurer de nouvelles règles dans la maison (et ainsi d'améliorer le climat tendu qui règne surtout lors des repas). Ils nous exposent les problèmes (je dirais que la majorité des problèmes ont une seule origine : moi !), nous demandent ce qu'on en pense (on a intérêt à être d'accord avec eux), nous invitent à proposer des solutions (radicales, si possible) et à songer aux conséquences qui suivront si les comportements dérangeants ne sont pas éradiqués.

C'est rare qu'on doive en arriver à un conseil de famille, parce qu'en général c'est plutôt cool, chez moi (je suis assez disciplinée et mon frère n'est pas du genre à courir partout et grimper sur les murs), mais mes parents aiment bien faire une petite mise au point de temps en temps. Et celle-ci en est toute une !

En gros, je dois faire ceci :

✓ Diminuer considérablement le temps passé devant mon ordinateur. Conséquence possible : confiscation de l'objet diabolique (mon ordi).

✓ Éviter de compenser avec mon iPod. Conséquence possible : confiscation de l'autre objet tout aussi diabolique (mon iPod).

✓ Aider à préparer les repas, à dresser la table, à desservir et à ranger la vaisselle. Cela ayant comme but de m'intégrer à la dynamique familiale afin que je passe plus de temps de qualité avec les gens qui m'entourent. Conséquence possible : confiscation de mon ordi ET de mon iPod. (Je sais, mes parents manquent d'originalité dans l'application de leurs méthodes punitives.)

✓ Reprendre le contrôle de mes notes, qui ont dramatiquement chuté au cours des dernières semaines. Conséquence possible : LA PIRE AU MONDE ! ÊTRE PRIVÉE DE CONTACTS AVEC MA BFF !

Mes parents sont des tortionnaires ! En plus, on ne devrait pas appeler ça un conseil de famille, mais bien un procès! Ce n'est pas du tout la même chose. À les écouter, on dirait que je suis la seule responsable des malheurs de la terre au complet!

Me voilà donc dans ma chambre, en train de bouder et de terminer mes devoirs avant la visite de contrôle du « caporal Samson ». J'étudie mes notions de math, je révise pour mon examen d'univers social et je termine un projet de science que j'ai trop longtemps remis à plus tard. Une fois que j'ai rayé le dernier devoir noté à mon agenda, je sens un gros poids se libérer de mes épaules...

Tiens... Je n'avais pas remarqué à quel point ça me pesait, tout ça: des retards dans mes travaux, des devoirs bâclés, des examens à peine étudiés. Mes parents avaient peut-être raison, finalement. Il était temps que je reprenne le contrôle de mes notes. Les examens de fin d'année approchent à grande vitesse et je ne veux surtout pas couler mon secondaire deux.

Une fois que j'ai rangé ma chambre, fait une brassée de lavage et aidé Liam à se préparer pour la nuit, mes parents me permettent d'aller dehors. Je passe donc au garage chercher mon skate et mon casque, et j'enfile mes Vans ainsi qu'une veste.

C'est ma récompense « à moi de moi ». J'ai bien travaillé (et j'ai même été agréable avec tout le monde !), alors je m'accorde un peu de temps pour répéter mes figures. Je dois être honnête : je ne suis pas très douée pour ce sport. Je m'accroche les pieds dans ma planche, mes Vans sont déjà troués et mes genoux sont bien éraflés. Mais je continue à m'exercer encore et encore. Pourquoi ? Parce que ça m'aide à me rapprocher de Toby. Ça clique vraiment entre nous. Grâce à lui, j'ai une nouvelle coupe de cheveux, des mèches temporaires et le début d'un nouveau style. (Vous auriez dû voir la tête de mes parents quand ils m'ont vue avec mes jeans troués et mon chandail à capuche !)

Me voilà donc dans la rue à tenter encore et encore une figure aussi « facile » qu'un *ollie*. Mais sérieux, je suis pire que pouiche ! J'essaie de me remémorer les conseils de Toby : « Garde les genoux pliés, trouve ton centre de gravité, regarde où tu mets les pieds. » Mais ça ne m'aide pas du tout. J'aimerais être aussi bonne que lui. Il m'a envoyé une photo, l'autre jour (il avait juré de m'impressionner), sur laquelle on le voit sauter d'une rampe d'à peu près dix pieds de haut ! Complètement fou !

Mon objectif n'est pas de réussir une telle cascade (je tiens trop à la vie !), mais j'aimerais bien être capable de faire une ou deux figures avant qu'on se donne rendez-vous pour la première fois.

Oui, oui… C'est bien ce que j'ai dit…

Ça fait un bout de temps que j'y pense et je crois qu'il est temps que je rencontre Toby en personne. Je n'ai pas encore osé lui demander dans quelle ville il habite (j'ai peur que ce soit trop loin), mais je sens qu'on est sur le point de passer à une autre étape, tous les deux. On s'entend bien, il est gentil, drôle et surtout… TELLEMENT BEAU ! Je peux passer des heures à fouiner sur sa page Facebook pour essayer de trouver une photo de lui que je n'ai pas encore vue. Mais bon. J'ai fait le tour depuis longtemps. Sur mon image préférée, on le voit en vélo de montagne au sommet d'un parcours rocailleux. Ce gars-là a du cran, c'est fou !

Tiens, je pourrais peut-être essayer une autre figure…

Oh ! Encore mieux ! Je vais filmer ma tentative. Comme ça, si je réussis, je vais pouvoir lui envoyer la vidéo. Il va être super fier de moi ! Emballée par mon idée, je cours chercher mon iPod dans ma chambre et ressors aussitôt dehors. Je passe les minutes suivantes à tester le meilleur angle, la meilleure position, la meilleure luminosité (Le Lampadaire de La rue m'offre un éclairage intéressant) et finalement, je me lance.

Premier essai : échec total !

Non seulement je ne réussis pas ma figure, mais je réalise après coup que je n'ai pas bien appuyé sur le bouton « Démarrer », ce qui fait que je n'ai rien enregistré.

Deuxième essai : je tombe au sol !

OK. J'efface tout de suite les images et je revois ma technique. Je risque de m'épuiser, si ça continue. Je vais D'ABORD m'entraîner et ENSUITE me filmer (si je réussis La figure). Plus logique ainsi.

Le problème, c'est que cette figure (torbinouche, je ne me rappelle déjà pLus de son nom : *kick nose ?* fLip truc ? *trick back ?* bah ! c'est sans importance !) est archi difficile. J'ai peut-être visé un peu trop haut. À moins que… À moins que JUSTEMENT, je parte de PLUS HAUT pour l'exécuter. Oui ! Ça me donnerait un élan, donc plus de vitesse et, au final, plus de chances de réussir !

Mais je n'ai pas de rampe dans mon garage. Ni de chaîne de trottoir de trois pieds de haut.

Je vais fouiller parmi les vieilleries de mon père (des chaudières vides, des rallonges, des briques, des planches de bois) et un grand sourire apparaît sur mes lèvres. Ouaip ! Je vais me fabriquer une rampe avec trois fois rien !

Au bout d'une dizaine de minutes, je suis prête à m'élancer. Mon iPod est prêt, ma rampe est solide (enfin, je crois), mon casque est bien attaché (dans ta face, commotion cérébrale !) et ma confiance est au plus haut. Je commence à enregistrer et… c'est parti !

Oh ! Torbinouche ! Ça va vite !

***

Vingt-quatre heures se sont écoulées depuis que j'ai tenté ma petite expérience. Vingt-quatre heures de douleur (fracture du radius et du cubitus !), de honte (je me revois encore allongée au sol, les jambes en l'air, le bras tordu dans un angle impossible, en train de crier à l'aide) et de sermons interminables de la part de mes parents (quatre heures à l'urgence, Émy, comme si on avait besoin de ça !).

J'ai beau prendre des analgésiques, mon bras me fait un mal de chien. Mes os étaient tellement déplacés qu'on a dû me mettre une sorte de masque pour m'endormir à moitié afin de les remettre en place sans trop de douleur. (Heureusement, parce que j'aurais perdu connaissance dans le temps de le dire !) Au moins, j'ai évité l'opération, ce qui est quand même une bonne chose, même si je dois me taper une série de suivis au cours des prochaines semaines.

Assise sur mon lit, une pile d'oreillers derrière mon dos (et une autre sous mon bras, que j'essaie de bouger le moins possible), j'entends maman frapper à la porte de ma chambre.

— Émy-Lee…, souffle-t-elle en passant sa tête dans l'ouverture. Dors-tu, ma chérie ?

— Hum… Non…, dis-je en me frottant les yeux. Enfin… peut-être un peu…

— Ton ami est ici.

Mon cœur fait un bond. L'espace d'une seconde, j'espère que Toby va franchir le seuil de ma chambre, mais je comprends vite que c'est impossible (à moins qu'il ait engagé un détective privé afin de pousser ses recherches à travers le pays pour me retrouver). Je souris donc à Talbot quand il se pointe et l'invite à s'asseoir près de mon lit. Les yeux horrifiés et le visage blême, il m'inspecte de la tête aux pieds, comme si je venais de subir le pire accident de tous les temps.

— Je le savais…, articule-t-il, une main devant la bouche, comme pour cacher sa peine. Je le savais qu'il t'était arrivé quelque chose. Tu… Tu n'étais pas à l'école et tu ne répondais pas à mes messages.

— Oui, désolée, dis-je en désignant mon bras d'un coup de menton. J'ai eu envie d'une petite journée de congé.

Mes lèvres s'étirent avec difficulté et Talbot pose les doigts sur mon bras valide (Le droit, heureusement !).

— Est-ce que je peux faire quelque chose pour t'aider ? demande-t-il, la gorge serrée. Tu veux que je t'aide avec tes devoirs ? Tu veux que je parle aux profs, que je t'accompagne dans tes cours ?

— Arrête de t'en faire, pour commencer, dis-je en soupirant. Et sèche tes yeux. Je ne suis pas en train de mourir.

— Oui, désolé, marmonne-t-il en s'essuyant avec la manche de son chandail. C'est juste que… C'est juste que je ne peux pas supporter de te voir souffrir. Comment c'est arrivé ?

J'explique à Talbot les détails de mon accident et il m'écoute sans m'interrompre, les lèvres pincées, les sourcils froncés. Je crois que je ne l'ai jamais vu avec un air aussi grave. Quelque chose le tracasse.

— Quoi ? Qu'est-ce qu'il y a ?

— C'est Toby qui t'a influencée, hein ? veut-il savoir. C'est à cause de lui que tu es blessée ?

— Je… Non ! Pas du tout ! dis-je, mal à l'aise. (Je me sens rougir.) Enfin, peut-être un peu.

— Tu devrais cesser de lui écrire. Il déteint sur toi, et pas en bien, si tu vois ce que je veux dire.

Je jauge Talbot du regard, convaincue qu'il blague, mais son air dur et son regard tranchant ne laissent aucune place à l'interprétation. Il est sérieux. J'essaie de lui expliquer :

— On ne fait rien de mal, tu sais. On est juste des amis.

— Un ami qui te demande de changer, ce n'est pas un bon ami.

Sur ce point, il a raison. Mais Toby ne m'a pas demandé de changer. J'ai eu envie de le faire (pour lui plaire, je sais, mais c'est quand même ma décision).

— Ne t'inquiète pas pour moi. On s'entend bien, c'est tout. En plus, ce n'est pas comme si j'avais commencé à fumer ou à prendre de la drogue.

Talbot serre les poings et inspire profondément. Il hoche la tête et me demande, vaguement découragé :

— Quand comptes-tu le rencontrer ?

Comment a-t-il deviné mes intentions ? Je rougis de plus belle et lui réponds, dans un murmure.

— Je ne sais pas. Bientôt, j'imagine.

— Promets-moi d'être prudente.

— Je te le promets.

Talbot approche son visage du mien (une douce odeur de printemps envahit mes narines) et pose un baiser sur mon front. Pour la première fois depuis qu'on se connaît, je le laisse faire. Je ne le repousse pas et je ne grimace pas non plus. Bon... il étire un peu la sauce en restant ainsi une bonne vingtaine de secondes, mais l'instant est agréable. Je me sens un peu moins seule... et un peu moins blessée, tout à coup.

Émy, mais où es-tu???

Je voulais te parler de ma soirée avec Mathias, mais tu n'es pas joignable!

Que se passe-t-il?

Je suis à deux doigts d'envoyer les chiens renifleurs pour te chercher!

Salut! Je suis là, ne t'inquiète pas.

ENFIN!!!

Désolée si j'ai mis du temps à répondre, j'ai passé une partie de la nuit à l'hôpital.

OÙ ÇA???

Es-tu en train de t'inventer une excuse pour ne pas avoir répondu à tous mes messages? À moins que ce ne soit pour ta grand-mère? Ne me dis pas qu'elle est tombée malade!

Non, ma grand-mère va bien.

Ouf, dans ce cas, c'est ta cousine qui a enfin eu ses jumeaux ?

Non, elle n'a pas encore accouché. (Si tu voyais sa bedaine, on dirait qu'elle va exploser !)

Alors tu m'expliques avant que je commence à paniquer ou après ?

ET POURQUOI TU ÉCRIS SI LENTEMENT ???

Je me suis blessée.

JE LE SAVAIS !

Qu'est-ce qui s'est passé ? Comment c'est arrivé ?

Comment ? Euh… En faisant…

Oh ! Tu ne vas pas être fière de moi…

N'en dis pas plus…

C'est à cause de tes figures, hein ?

Je t'ai pourtant dit que ça n'irait pas avec ton nouveau style d'avoir un plâtre !

J'ai fait une mauvaise chute.

Attends ! J'ai tout filmé. Tu veux voir ?

Pas sûre… ça ne me tente pas de te voir te blesser en direct, moi !

Je te l'envoie quand même. Accroche-toi, c'est dégueu !

Ben voyons donc…

Aoutch ! Ç'a l'air de faire mal !

Mets-en ! J'en ai pour plusieurs semaines avec le bras dans le plâtre. (Ça va super mal pour texter, je me sens limite invalide !)

Ensuite, je devrai peut-être faire de la physio.

Oh là là… Pauvre toi.

La bonne nouvelle, c'est que j'ai mon assistant personnel. Talbot va m'aider à l'école.

Ouin… il est pas mal dévoué !

Je pense que c'est la personne la plus gentille sur cette terre.

Après toi, évidemment !

Ouais, à d'autres !

N'empêche que c'est vrai que je suis en train de devenir ultra gentille.

La preuve : mon projet pour aider les animaux abandonnés va sûrement fonctionner !

Il ne me reste qu'à convaincre les autres jeunes en thérapie avec moi d'embarquer. Mathias, lui, est déjà vendu.

Vendu ? À toi ? Mais je n'en doutais pas, ma chère ! 😉

Non, pas à moi, au projet ! Je ne pense pas que je l'intéresse, tu sais.

Il est… il est bizarre. Parfois, j'ai l'impression que je lui plais, mais, d'un autre côté, il peut très bien ne pas me donner de nouvelles durant des jours sans aucune explication.

Je ne suis pas vraiment surprise… Tu es la reine des histoires compliquées.

C'était pareil quand tu étais avec Sasha !

Non ! Notre relation n'a rien à voir avec celle que j'avais avec Sasha !

Tant mieux ! C'était limite malsain, votre affaire…

Ben voyons, Sasha et moi, ce n'était pas malsain du tout!

On était réellement en amour, sauf que... sauf que je n'étais pas capable de l'accepter.

Et ensuite, c'est lui qui était trop en colère. Et finalement...

Mais pourquoi on revient là-dessus!?

Je n'ai rien dit, moi! C'est toi qui dérapes!

Écoute, je vais te laisser, il est super tard, mais demain on se parle à la fin des cours, promis? Et ne me fais plus jamais des peurs comme ça! Laisse tomber le skateboard.

Je ne veux pas te perdre pour quelques figures...

Et encore une fois, elle change de sujet dès que ça devient un peu trop personnel...

À demain, alors!

17

NADEIGE

Une bombe atomique vient de tomber sur le toit de ma minuscule chambre… Sasha vient de m'écrire. Comme ça. Sans la moindre raison. À part peut-être le fait qu'il veut me donner de ses nouvelles. Et prendre des miennes.

Est-ce qu'il est écrit « cœur à prendre et à jeter sans problème » sur mon front ou quoi ?! Je ne suis pas une girouette, moi !

Je lis et relis son message pour la centième fois (j'exagère à peine !), le cœur à l'envers. Ça me remue les tripes et une boule s'est formée dans mon ventre depuis que j'ai ouvert mon ordinateur.

Je ne sais pas quoi faire. Je lui réponds ou pas ?

NON, Nadeige, tu ne lui réponds PAS !!!

Et de toute manière, je lui dirais quoi ? Que ma vie va super bien ? Que je fais du bénévolat de ma propre initiative? Que j'ai rencontré quelqu'un? Non… bien sûr que non… Je ne peux pas dire ça à Sasha.

ALORS NE LUI ÉCRIS PAS,
POINT FINAL !!!

Parce que si j'apprenais que, de son côté, il sort déjà avec une autre, je pense que je me mettrais à hurler. Pourtant… nous ne sortons plus ensemble, alors à quoi ça rime, tout ça?

Grrr… tu sais très bien
pourquoi tu réagirais ainsi !

J'inspire un bon coup, puis me décide à relire une dernière fois son message. Ensuite, je l'effacerai.

Mon œil, ouais…

Juré, je n'y répondrai pas. Je vais faire comme si je ne l'avais jamais reçu. Je n'en parlerai même pas à Émy, sinon ça deviendrait trop réel. Et je ne saurais pas comment le gérer. La peine, la douleur, j'ai mis tout ça derrière moi. Je ne veux pas retomber dedans à pieds joints.

Je suis trop douée pour m'y complaire pendant une éternité.

Je ferme les yeux, me promets de tout effacer, puis je replonge dans mes souvenirs…

À : Nad@coolmail.com
De : Sasha@coolmail.com
Objet : Comment tu vas ?

Allo toi…

Je sais, on s'était dit que c'était terminé. Qu'on arrêterait de se parler, de s'écrire, de penser à l'autre. Mais bon… tu as été vraiment importante pour moi. La première fille dont je suis tombé amoureux, même. Je ne peux pas tirer un trait là-dessus comme si de rien n'était. Même si on ne s'aime plus…

Donc, voilà. Je voulais avoir de tes nouvelles. Savoir ce que tu deviens dans ton pensionnat à l'autre bout du monde. OK, tu n'es pas si loin, mais pour moi, c'est tout comme.

De mon côté, je me suis inscrit dans l'équipe de basket du collège. Je me suis tanné de jouer au scrabble. Sans compter que tu n'étais plus là pour faire en sorte que je gagne tout le temps. 😉 Mais non, je blague, tu étais très bonne !

Non… en fait, tu étais nulle, mais on s'en fiche, ce n'est pas pour ça que je t'aime. Que je t'aimais, scuse ! Je devrais effacer ce que je viens d'écrire, mais ça ne me tente pas. Ce serait ridicule de ma part de faire comme si… Enfin…

Sinon, côté études, mes dernières notes étaient plutôt nulles, mais je commence à remonter la pente. Mon père est content et a même cessé de me surveiller sans arrêt. Le fait que je lui ai dit de me laisser tranquille y est peut-être aussi pour quelque chose. Tu vois, malgré ce que tu as toujours pu croire, je suis capable de dire ce que je pense à mon père.

Je n'ai rien d'autre à ajouter. Ma vie me semble plutôt monotone, en fin de compte. Écris-moi, j'aimerais savoir ce que tu fais, comment tu vas, qui tu fréquentes…

Non, oublie la dernière partie. Ça, je ne veux pas le savoir.

Sasha

P.-S. : Ta copine Émy-Lee, tu es sûre qu'elle va bien ? Elle a… un peu changé, disons, dans les dernières semaines. Elle se tient avec Talbot, ce qui est déjà assez bizarre, étant donné ce qu'elle pensait de lui, avant. Je n'ai pas osé aller lui parler, mais si tu veux que je le fasse, j'irai sans attendre.

Ma main tremble lorsque j'appuie sur la touche « Effacer ». Puis, sans que je puisse l'empêcher, une larme coule sur ma joue. Je viens de rayer Sasha de ma vie pour la seconde fois. Je croyais que la première serait la plus douloureuse, mais il faut croire qu'on ne s'habitue jamais aux peines d'amour. Surtout quand on les vit à répétition.

Et avec ma malchance légendaire,
c'est le genre de truc qui pourrait m'arriver
encore et encore...

Bon, ça suffit. Je ne vais pas fixer mon écran vide éternellement ! Je ferme mon ordinateur et vais le porter sur ma petite commode. Puis, je retourne m'emmitoufler sous mes couvertures. Une bonne nuit de sommeil me remettra peut-être les idées en place. Mieux encore : elle me fera oublier que j'ai reçu un message de Sasha.

C'est beau rêver...

***

Ils m'écoutent attentivement alors que je me tiens debout devant eux. En plus de moi, nous sommes une dizaine à cette thérapie que je suis depuis plusieurs semaines. Je n'avais jamais pris le temps de compter combien nous étions. (Ouais, je sais... je suis plutôt centrée sur moi-même.) Mais je suis en train de changer, il faut croire, parce que je dévisage lentement les dix paires d'yeux qui me fixent. J'essaie de me rappeler chacun de ces visages. (Il était plus que temps que je fasse un effort pour cela!)

Le groupe est relativement mixte, puisque nous sommes sept filles et quatre garçons. Je ne me souviens pas des prénoms de chacun. (Je suis trop nulle.) Eux, ils savent sûrement le mien. Bon, si je me concentre, je vais peut-être parvenir à mettre un nom sur chacun d'entre eux.

Je sais qu'il y a Béatrice et Zoé. La fille avec les cheveux courts, je crois qu'elle s'appelle Nadya. Il y a aussi une Amélie, mais je ne sais pas qui c'est exactement. Pour les deux autres, aucune idée...

En ce qui concerne les garçons, il y a bien évidemment Mathias. À côté de lui, je me souviens de Dominic et de Nathan. Et le dernier, c'est... Argh, je n'y arrive pas. Je déclare forfait et reviens à mon explication. Je suis en train de leur parler de mon projet et le plus incroyable, c'est qu'ils semblent tous intéressés!

Il n'y en a pas un pour refuser ou simplement pour dire que ça ne l'allume pas. Non! Ils veulent tous apporter leur aide! Incroyable, hein? Une fois mon petit discours terminé, je cède ma place à Mathias, qui ajoute certains éléments importants à notre idée. Puis, il s'assoit à son tour et me jette un coup d'œil. Nous attendons le verdict de notre psy. Elle est restée silencieuse durant notre exposé et j'ai peur qu'elle émette certaines réserves. Elle prend d'ailleurs la parole pour nous demander:

— C'est un très beau projet que vous nous amenez là, tous les deux. Et j'ai l'impression que ça ferait du bien au groupe de s'engager dans une activité concrète. Mais je me demandais si quelque chose de semblable n'existait pas déjà?

— Nous avons vérifié, Mathias et moi, et ça se fait déjà dans plusieurs villes, mais pas ici. Alors ce serait bien de le démarrer.

Carole hoche la tête, puis reprend:

— Je vois. Toutefois, comme vous vous en doutez sûrement, pour que cela soit possible, il nous faudrait avoir l'accord de plusieurs personnes.

— Qu'est-ce que vous voulez dire? demande Mathias pour nous deux.

— D'abord, les parents de tout le monde devront être mis au courant. Ensuite, le refuge est-il d'accord avec l'aide que vous désirez lui apporter ? Et finalement, j'imagine que vous devrez demander un permis à la ville pour mener à bien un projet pareil. Ce n'est pas rien, ce que vous avez en tête.

Je suis contente de voir que Mathias et moi, nous avons fait nos devoirs avant de proposer quoi que ce soit. OK, c'est plus lui que moi qui a songé à tous ces détails, mais il n'empêche que je suis plutôt fière de moi lorsque je rétorque :

— On a déjà parlé avec les gens du refuge et ils étaient super emballés. En plus, ils ont offert de s'occuper des permis nécessaires. Pour les parents, par contre… on se disait que vous pourriez vous en charger, puisque c'est vous qui vous occupez de ces séances…

Elle acquiesce, tout en souriant devant notre enthousiasme.

— Je vois que vous n'avez pas pris les choses à la légère. Bravo. C'est toujours agréable de voir des jeunes lancer de nouveaux projets de manière aussi sérieuse. Les gens de la communauté vont vous remercier de vous occuper des animaux errants. D'ailleurs, vous me faites penser à quelque chose…

— C'est-à-dire ? questionne Mathias.

— Eh bien… je me disais que nous pourrions communiquer avec le journal local, pour qu'un de leurs journalistes vienne vous interviewer, non ? Je suis certaine que ça pourrait faire un bel article. Mais d'abord, je pense que nous devrions passer au vote. Qui est d'accord avec l'idée de Nadeige et Mathias ? Et qui est prêt à embarquer ?

Personne n'hésite et les mains sont bientôt toutes levées. Je regarde Mathias, un large sourire aux lèvres. Et ce n'est pas un sourire feint. Au contraire. Il est sincère. C'est fou à quel point ça fait du bien de ressentir de la joie et du bonheur pour quelque chose que l'on s'apprête à réaliser, et non de la colère ou du ressentiment.

J'en viens même à oublier le courriel de Sasha, ma nuit à pleurer en songeant à lui et mon désespoir à mon réveil, quand je me suis rendu compte que j'avais bel et bien effacé son message et que je ne pourrais pas le relire une fois de plus…

La réunion se termine sur cette note positive et chacun vient nous parler pour nous dire à quel point notre idée est géniale. Mathias me fait un clin d'œil, à quelques mètres de moi, tout en jasant avec les autres. Je les laisse entrer dans ma bulle, mais pas très longtemps. Je finis inévitablement par me tanner et m'éloigner un peu. Les trucs de gang, très peu pour moi !

Carole vient d'ailleurs me rejoindre pour me féliciter, ce qui me met aussitôt mal à l'aise. Ce n'était pas ce que je recherchais en ayant cette idée. Je voulais juste aider les animaux.

— Encore une fois, bravo, Nadeige. Tes parents doivent être fiers.

— Je ne sais pas, je ne leur ai pas parlé des détails.

— Tu ne leur as pas expliqué que tu étais l'organisatrice de ce beau projet ?

— Ben… non, je leur ai juste dit que je m'impliquais auprès des animaux.

— Hum, je vois… si tu gardes le silence, ils pourraient l'apprendre en lisant le futur article sur toi. Ce serait drôle ! Bon, je dois ranger la salle. Je te souhaite une belle soirée et dès que les détails seront réglés, je te ferai signe. Je sens que ce sera une belle expérience pour nous tous, termine-t-elle en s'éloignant pour ranger les chaises.

Je réfléchis à ce qu'elle vient de me dire. Si vraiment un journaliste se déplace pour parler du projet, je pourrais effectivement en faire la surprise à mes parents. J'imagine déjà leur air quand ils liront l'article... Ils réaliseront alors que je fais de réels progrès et ils seront peut-être prêts à envisager que je revienne dans une école du coin l'an prochain !

Être de nouveau avec ma BFF !!!

Mon cœur se gonfle à cette pensée et c'est les yeux brillants de joie que je finis par sortir du local en compagnie de Mathias, qui a enfin réussi à se libérer. Nous marchons lentement en silence, chacun perdu dans ses pensées.

Lorsque le pensionnat apparaît, au loin, Mathias s'arrête brusquement et je l'imite. J'imagine qu'il veut me reparler du projet et de notre plan de match pour les prochains jours. Mais non... les mains dans les poches, il repousse une petite roche avec son pied et n'ose pas lever les yeux pour me regarder. Voyons, qu'est-ce qui lui prend, au juste ? Pourquoi il est si mal à l'aise ? J'espère qu'il ne va pas me dire qu'il a décidé de ne pas embarquer, en fin de compte ! J'ai besoin de lui pour mener ce projet à terme, moi !

— Qu'est-ce qu'il y a ? Pourquoi on s'arrête ?

— Je... je voulais te parler d'un truc...

— Ben je t'écoute. Mais je t'avertis, si tu veux m'annoncer que ça ne marchera pas, je...

Je n'ai pas le temps de terminer ma phrase, car il a enfin levé le menton vers moi et s'est rapproché d'un pas. Sous le choc, je n'ose pas bouger, mais je suis obligée de plier le cou pour le regarder dans les yeux, parce qu'il est vraiment grand.

Il ne dit toujours pas un mot, mais il se mord les lèvres et je sens qu'il hésite. Alors, à la fois parce que je n'aime pas les hésitations, mais aussi parce que ça fait longtemps que j'y pense, je me mets sur la pointe des pieds et je pose doucement ma bouche sur la sienne. Il écarquille les yeux, prend une grande inspiration, puis se penche. Je redescends sur mes talons et passe mes bras autour de son cou.

C'est la première fois que j'embrasse quelqu'un depuis Sasha. C'est la première fois que j'approche un autre gars, depuis Sasha. C'est la première fois que je me laisse aller à être heureuse, depuis Sasha…

Si au moins je cessais de penser à Sasha, j'imagine que ce baiser serait juste parfait. Mais il est toujours là, quelque part dans un recoin de mon cerveau. Et je ne peux malheureusement pas appuyer sur la touche « Effacer » pour qu'il disparaisse, comme son courriel de la veille…

On vient de s'embrasser...

Hein? Quoi? Tu me balances l'info comme ça?

Voyons, Nad, tu ne prends même pas le temps de me saluer?

Scuse, salut! J'étais trop sous le choc.

Alors c'est officiel? Tu sors avec Mathias!

Yesss! Je le savais que ça s'en venait!

Non, je ne pense pas qu'on sorte ensemble. Ben... en fait, je n'en sais rien.

Je l'ai embrassé et après, il est parti de son bord sans rien ajouter.

Ah oui? Tu embrasses si mal? (*JOKE*)

Sans farce, c'est un peu bizarre qu'il se soit sauvé comme ça, non?

Je sais, c'est bizarre. Il faudrait que je lui écrive, mais je n'ose pas.

Pourquoi ? Au moins, tu serais fixée.

Imagine qu'il me dise que c'était une erreur ?!?

Oui, mais personne ne l'a forcé, quand même ! (Dis-moi que tu ne l'as pas forcé, Nad !)

Ben non, franchement !

Sauf que c'est quand même moi qui ai fait les premiers pas…

Attends, il y a un message qui vient de rentrer…

OMG ! C'est LUI !

Tu veux savoir ce qu'il m'a écrit ?

C'est sûr ! *Shoot !*

OK, alors il dit « Salut ».

C'est tout. Il y a un sens caché, tu crois ?

Comment je dois l'interpréter ? Je suis sûre qu'il veut me dire autre chose. On ne salue pas quelqu'un sans raison !

Relaxe, Nad ! Laisse-lui le temps d'écrire !

Tu as raison, je vais respirer par le nez et me calmer.

C'est juste un salut, au fond !

OH !!! Il a écrit autre chose !!! Je te le retranscris.

Il a ajouté : « Ça va ? »

QU'EST-CE QU'IL VEUT SAVOIR AU JUSTE ???

Qu'est-ce que je lui réponds ???

Qu'est-ce que…

HÉ ! OH ! DU CALME !

Tu as l'air d'une hystérique !

S'il écrit « Ça va ? », c'est probablement parce qu'il veut savoir comment tu vas.

Je dis ça de même…

Oui, c'est vrai, j'avais dit que j'allais me calmer.

C'est ce que je fais, promis !

Respire un grand coup…

Je vais mieux. Désolée.

Tu veux savoir ce que je lui ai répondu ?

J'ai écrit : « Bien. Et toi ? »

C'est bon, selon toi ?

Je devrais peut-être me concentrer
sur ma conversation avec lui
et te revenir plus tard ?

Bonne idée, parce que là, tu m'épuises !

En plus, je suis super lente pour
taper, avec mon plâtre.

Tu m'appelleras quand tu auras réglé ça.

OK, je fais ça.

À tantôt !

18

ÉMY-LEE

Je me sens comme une princesse, ces temps-ci. Et vous savez quoi ? Je les plains, les pauvres princesses ! Pour vrai ! Je sais, vous allez me dire qu'elles ont des vies parfaites, dans leurs châteaux parfaits, mais c'est loin d'être le cas, croyez-moi ! Tout ça, c'est la faute du cinéma qui nous projette des images faussées de leur triste réalité. (Et là, je ne parle pas des productions de Disney, mais des films à l'eau de rose qu'on appelle « films de filles ».)

C'EST TOUJOURS LA MÊME CHOSE :

- Elles portent de grandes robes, des coiffures de six pieds de haut et assistent à une foule de bals masqués.
- Elles ne font jamais leur lit. (Les chanceuses !)
- Elles ne cuisinent pas, ne lavent pas la vaisselle et ne passent surtout pas l'aspirateur. (Et c'est parfait, parce qu'elles n'ont pas besoin d'accumuler des Émy-Points.)

- Elles ne manquent de rien.
(Enfin, c'est ce qu'on croit.)
- Elles sont heureuses.
(Enfin, c'est ce qu'on croit, ça aussi.)
- Elles finissent toujours dans les bras d'un beau prince charmant. FIN.

Mais (eh oui, il y a un MAIS) la vérité, c'est que leur vie est loin d'être aussi facile ! La preuve : je la vis tous les jours depuis plus d'une semaine. Un bras dans le plâtre et hop ! Me voilà membre à part entière du Club des princesses invalides. Je ne peux RIEN faire par moi-même ! Je vous le dis, j'ai l'air d'une princesse !

✓ On m'aide à me laver les cheveux.

✓ On m'aide à couper ma nourriture.

✓ On m'aide à remonter la fermeture éclair de mon jeans. (La honte !)

✓ On m'aide à peu près pour tout ce qui nous semble normal au quotidien… Bref, j'ai l'impression d'avoir trois ans !

En plus, tous les gestes du quotidien sont un véritable défi : déverrouiller mon cadenas, faire mon sac, manger, faire mes devoirs. Même aller aux toilettes est compliqué. (Non, je ne vais pas demander d'aide pour ÇA !) Au moins, ma main droite est encore valide, parce que je ne sais pas ce que ça donnerait si je devais m'essuyer avec ma main gauche…

AÏE ! AÏE ! AÏE !
IMAGINEZ UN PEU LES DÉGÂTS !

Si au moins toute cette aide venait de ma *best*, ça mettrait un peu de bonne humeur dans ma journée ! Mais non ! Elle est beaucoup trop loin de moi, de corps et d'esprit. (*De corps* parce qu'elle est à l'autre bout du monde et *d'esprit* parce qu'elle m'a oubliée, on dirait. Plus de messages depuis des jours. Pff ! Tout un soutien moral !)

Je dois donc m'en tenir à mon prince charmant. Je dois dire que Talbot joue bien son rôle. (Un peu trop, peut-être, mais Talbot étant ce qu'il est, je ne m'attendais pas à moins de sa part.) De toute façon, ça me va. (Ce n'est pas comme si j'avais vraiment le choix…) Il a même pris l'habitude de marcher devant moi dans les corridors en écartant les gens au passage pour s'assurer que personne me touche. Il est en quelque sorte mon assistant personnel/garde du corps/homme à tout faire. Au moins, il me fait rire, ce qui n'est pas le cas de tout le monde dans cette école.

Devinez qui remporte la palme de la fille la plus insupportable du continent : la greluche, évidemment ! Elle me pourrissait déjà la vie lors de mon arrivée dans cette école, mais c'est carrément pire depuis que je suis revenue de la croisière. Et je sais pourquoi. Elle m'en veut d'avoir participé à l'inter-collèges à sa place. Elle m'en veut d'avoir remporté les honneurs. Elle m'en veut d'être partie dans les Caraïbes à sa place. Mais la réalité, c'est que ce n'était pas SA PLACE ! C'était ouvert à tout le monde et il se trouve que j'ai été plus forte qu'elle. Résultat, elle ne me lâche pas d'une semelle. C'est à croire qu'elle n'a que ça à faire de son temps !

Elle se moque de ma coupe de cheveux (« Tu as l'air d'un gars ! »), elle se moque de mon nouveau look (« J'ai vu tes photos sur Facebook. *My God*, Émy-Lee, tu es tombée bien bas ! »), elle se moque de mes goûts musicaux (« Quoi ? Je n'entends rien ! Ta musique m'a perforé les tympans ! »), bref, rien de ce que je dis ou de ce que je fais n'est assez bien pour elle.

De mon côté, j'essaie de ne pas en faire de cas. Je me contente de marcher la tête haute et de laisser à Talbot le soin de lui faire des gros yeux et de la remettre à sa place quand elle va trop loin.

Parlant d'aller trop loin…

Tandis que je navigue sur le blogue de Fille déprimée, Talbot me donne un petit coup de coude dans les côtes. Pas fort, parce qu'il ne voudrait surtout pas me blesser, mais juste assez pour attirer mon attention. Je quitte mon écran et pose les yeux sur son cellulaire.

— Quoi ?

— Regarde, Émy. Ta vidéo est sur YouTube.

— Ma vidéo ? dis-je, les sourcils froncés. Je n'ai filmé aucune vid…

Soudain, je comprends ! J'arrache le téléphone des mains de Talbot et appuie sur « Démarrer », le cœur au bord des lèvres. Mes craintes se confirment. C'est bien moi. Je souris à la caméra avec mon casque-champignon sur la tête et je dis à Toby que cette vidéo est pour lui, que je compte l'impressionner et que je l'embrasse fort. Je sens Talbot se raidir à côté de moi quand j'envoie un bisou soufflé à la caméra.

Ensuite, la vidéo se poursuit et on me voit grimper sur ma rampe faite à la main. (Encore aujourd'hui, j'ai peine à croire que je suis montée sur ce tas de briques et de planches de bois.) Je me concentre. J'inspire. J'expire. Puis, je me donne un élan et je laisse la gravité faire le reste.

Talbot regarde la suite de la vidéo sans bouger. Sa respiration est saccadée. Quand je tombe au sol et qu'il voit mon bras déformé, je l'entends avaler difficilement sa salive… Ce qui me touche énormément. Je pose ma main valide sur la sienne et j'enlace mes doigts dans les siens. Je sais que je ne devrais pas faire ça, que je ne devrais pas lui donner de faux espoirs, mais je sens qu'il a besoin de réconfort. Il est si présent pour moi, ces temps-ci, si attentionné…

— Alors Toby et toi, c'est du sérieux ? me demande-t-il, la voix grave.

— Non. En fait, je ne sais pas.

Je déteste avoir à lui briser le cœur. Si j'étais une meilleure personne, je m'éloignerais de Talbot. Je lui dirais de continuer sa vie loin de la mienne et je prierais pour qu'il trouve le bonheur auprès d'une autre fille. Mais je n'y arrive pas… Je continue de le faire souffrir jour après jour. Je sais que ma présence est une vraie torture pour lui (et mon refus d'être sa blonde, par le fait même), mais je ne me vois pas passer à travers mes journées sans lui.

On reste un moment à fixer l'écran de son cellulaire, sans bouger, sans parler. La vidéo continue. On m'entend appeler à l'aide. On voit mes parents se précipiter sur moi. Mes cris retentissent. Mes pleurs déchirent le silence. Voilà. Le monde entier peut voir à quel point je suis pathétique.

Étranglée par une fureur vive, je lâche la main de Talbot. Je lui redonne son cellulaire d'un geste brusque et je me lève d'un bond, prête à attaquer.

— Je te jure qu'elle va le payer !

— Qui ça ? demande Talbot, étonné par ce revirement de situation.

— La greluche, évidemment ! Elle cherche à m'humilier ? Elle va être servie !

— Noémie ? Tu penses que ça vient d'elle ?

— C'est sûr ! Et crois-moi, la réplique va être violente !

Le visage de Talbot perd un peu de ses couleurs et il se lève à son tour.

— Pas violente dans ce sens-là ! dis-je, les dents serrées. Je ne vais pas la frapper ni la décapiter, t'inquiète. Je vais trouver un moyen plus subtil de la démolir. Je vais frapper par en dessous, au moment où elle s'y attendra le moins.

— Attends un peu, Émy-Lee, me prie Talbot, en fronçant les sourcils. Tu ne…

Mais je ne l'écoute pas. Je suis aveuglée par la colère, par ce désir de vengeance qui me sort par les pores. Je me suis rarement sentie aussi prête à passer à l'attaque.

— Je vais lui faire la peau ! Elle va regretter d'être venue au monde !

— Émy-Lee, tu n'es pas sérieuse ?

Talbot agite une main devant mon visage et je reprends contact avec la réalité.

— Non… Bien sûr que non…, dis-je en laissant échapper un soupir. Désolée, je me suis laissé emporter. Cette fille a vraiment le don de me mettre hors de moi ! Je ne peux pas la laisser s'en sortir si facilement.

— Je comprends, articule mon ami avec prudence, mais rien ne prouve que c'est elle qui a mis ta vidéo en ligne…

J'ouvre la bouche pour répliquer et la referme aussitôt. Talbot a raison. Je ne vois pas comment Noémie aurait pu faire, puisqu'elle n'a jamais eu accès à cette vidéo. Soudain, mon cœur s'emballe. Nous ne sommes (enfin, nous n'étions) que trois personnes DANS LE MONDE à avoir accès à mon petit film.

~~Moi~~ : Je pense que je m'en serais rendu compte si je l'avais diffusé sur le Net. À moins que je souffre de somnambulisme aigu, je ne vois pas comment j'aurais pu agir de la sorte sans m'en rappeler.

~~Nadeige~~ : Ma *best* ne ferait jamais une chose pareille. Fin de la discussion.

Il ne reste que Toby.

Toby ? Non… C'est impossible… Il ne peut quand même pas m'avoir fait ça ? Je croyais qu'on était amis (et plus, si affinités). Les larmes me montent aux yeux et ma gorge se serre si fort que j'ai du mal à respirer. Je me sens trahie. Je me sens bête. Naïve. Stupide. Innocente. Le genre de fille qu'on peut manipuler à sa guise pour en faire ce qu'on veut. Bref, j'ai mis de côté tous les conseils de mes amis pour en faire à ma tête et voilà le résultat. Je me suis bien fait avoir.

Talbot ressent mon malaise et m'enlace dans ses bras sans demander d'explications. Il me berce lentement et je me laisse envelopper par sa chaleur, par sa douceur. On reste ainsi un bon moment, à profiter du bien-être que nous procure ce câlin… sans nous soucier des élèves qui circulent dans le corridor ni des commentaires qui s'élèvent autour de nous. Qu'ils aillent se faire voir avec leurs jugements et leurs ricanements. Moi, au moins, j'ai un ami qui m'aime !

Un ami qui prend soin de moi. Et là, je ne parle pas de Toby…

En fait, je ne sais pas grand-chose à propos de ce gars. Qu'est-ce qu'il me veut? Pourquoi passe-t-il son temps à m'écrire? À être fin? Pour ensuite me trahir? Il est plus que temps que je mette les choses au clair avec lui. Mais avant, je dois m'assurer d'un truc.

À: Nad@coolmail.com
De: Emy-Lee_Samson@coolmail.com
Objet: Juste pour être sûre…

Salut, Nad!

Petite question pour toi. Promets-moi de répondre la vérité, d'accord? As-tu montré ma vidéo à quelqu'un?

Merci!

Émy-Lee XXX

Puis, je range mon iPod et je propose à Talbot d'aller prendre l'air, ce qu'il accepte avec plaisir.

À : Nad@coolmail.com
De : Emy-Lee_Samson@coolmail.com
Objet : La cruche est pleine !

Salut, Nad !

Tout d'abord, je voulais te dire que je suis désolée. Je me doutais bien que tu n'aurais JAMAIS publié ma vidéo sans mon autorisation, mais je devais m'en assurer avant d'entreprendre des recherches.

Je crois que c'est Toby, le coupable. (Et là, c'est la beauté des courriels : je ne t'entends pas me dire que tu m'avais prévenue de faire attention, que notre amitié n'était pas réelle, bref, que j'étais en train de prendre une bien mauvaise décision.) Je vais tenter d'en apprendre un peu plus sur lui. J'ai essayé de le retracer sur Internet, mais je n'ai pas beaucoup d'infos sur son compte Facebook.

Je n'abandonne pas. Je vais en avoir le cœur net ! C'est fini l'époque où on me prenait pour une cruche ! Mais parlant de cruche... J'en ai été toute une avec Fille déprimée ! J'ai eu envie d'en savoir un peu plus à son sujet (tant qu'à me montrer suspicieuse) et j'ai découvert ceci :

Elle n'est pas déprimée du tout ! Elle possède sa propre entreprise de mise en forme et profite de sa plate-forme pour faire de la publicité gratuite.

Cours de yoga, nutrition, coaching, vente de produits, bref, elle m'a eue sur toute la ligne.

Elle est mariée et elle a deux enfants.

Elle habite une grande maison dans un des plus beaux secteurs de la ville.

Elle a un chien, un chat et des chevaux. (Des chevaux, tu imagines ? Si ça, ce n'est pas un signe qu'elle est heureuse, je me demande ce que c'est !)

Qui remporte le prix de la fille la plus naïve de l'année ? MOI ! Clap, clap, clap ! Mais on ne m'y prendra plus. J'ai pris une résolution : je vais me montrer plus maligne, à l'avenir ! Ouaip, madame !

Es-tu fière de moi ? J'espère bien !

Sur ce, bonne soirée !

Émy-Lee XXX

À : Emy-Lee_Samson@coolmail.com
De : Nad@coolmail.com
Objet : RE : La cruche est pleine !

Oh mon Dieu, Émy, je ne peux pas croire que cet idiot de Toby (OUI, C'EST UN IDIOT !) t'a joué un coup pareil ! Si je l'avais devant moi, je le secouerais comme un prunier jusqu'à ce que quelque chose lui entre dans la tête ! Pourtant, je suis devenue ultra pacifique, moi, depuis que je suis une thérapie de groupe, mais pour cet IDIOT, je ferais une exception !!!

Je ne vais pas te dire que je savais qu'il n'était qu'un IDIOT !!! parce qu'au fond je ne savais rien du tout. Sauf que c'est vrai que tu aurais dû faire un peu plus attention à tes cyberrelations, tsé... On ne peut jamais se fier à ceux qu'on rencontre sur Internet. La preuve, cette Fille pas déprimée du tout !

Tu n'es pas une cruche, Émy, tu es juste... un peu trop gentille. Mais bon, je te fais confiance, tu vas remonter la pente en moins de deux et ignorer ceux qui s'amusent à tes dépens.

Si j'étais plus douée sur les ordinateurs, je ferais mes propres recherches pour mettre le grappin sur cet IDIOT !!! Bon... je me calme. D'ailleurs, j'avais promis de te donner des nouvelles de Mathias...

En fait, je n'ai rien à te dire de plus. Je ne sais plus comment le prendre, lui. Il ne m'a même pas reparlé de notre baiser dans ses messages et je n'ai pas osé non plus aborder la question. J'attends de le revoir en chair et en os pour revenir sur le sujet.

Je t'envoie des ondes positives à distance, Émy.

Ta *best*, Nad.
(Qui en a marre des IDIOTS !!!)

19

NADEIGE

Je ne peux pas croire qu'Émy ait osé me demander si c'était moi qui avais mis sa vidéo en ligne ! JAMAIS je n'aurais pu faire un truc pareil ! Une BFF ne FAIT pas ça !

En plus, moi, je ne sais même pas comment mettre quoi que ce soit sur YouTube, alors...

Le pire, c'est qu'elle me lance cette bombe, puis elle disparaît ! Elle ne répond même plus à mes messages ! Toute la soirée, j'ai cru qu'elle me détestait et qu'elle était convaincue que je lui avais joué dans le dos ! J'ai fait assez d'erreurs dans le passé pour savoir que ce n'est pas du tout une bonne idée de mentir à sa meilleure amie ! Pff...

Une chance qu'elle a fini par m'écrire un courriel. Si elle ne l'avait pas fait, je crois que je serais allée au secrétariat et je l'aurais appelée ! Et si elle n'avait pas répondu... J'aurais appelé mes parents pour qu'ils viennent me chercher !

Dire que cet IDIOT de Toby lui a fait ça ! Si un jour je découvre de qui il s'agit, je vais mettre de côté mes résolutions pacifiques et lui faire payer son geste !

Respire, Nad, ou la fumée
va te sortir par les oreilles !

En plus, je dois mettre cet épisode de côté et me concentrer sur ce que je dois faire aujourd'hui. À savoir, déclarer le lancement officiel de mon projet !

Tous les jeunes qui suivent la thérapie de groupe avec moi doivent se réunir au refuge animal afin que nous puissions répartir les animaux qui ne peuvent rester là. Si j'ai bien compris, nous allons nous installer dans le stationnement de la bâtisse. Une fois sur place, nous essaierons d'attirer les gens pour les sensibiliser aux animaux abandonnés. Je dois me charger d'apporter des ballons à gonfler et Mathias s'occupera des boissons que nous offrirons aux visiteurs.

Mais le plus excitant est que j'ai réussi à joindre un journaliste de l'hebdo local ! Il doit venir nous poser des questions pour en savoir plus sur notre projet. C'est génial parce que ça nous fera de la publicité gratuite ! Ensuite, au moins un soir par semaine, jusqu'à la fin de l'année scolaire, nous nous réunirons à la même place pour essayer de jumeler des familles d'accueil avec des animaux. Comme l'été approche à grands pas, je ne sais pas ce que nous allons faire rendus là… On verra bien. Je pourrais demander aux autres de prendre le relais, car je serai retournée chez moi à ce moment-là.

Je suis fébrile à l'idée de parler avec un journaliste. Je préférerais que ce soit Mathias qui se charge de répondre à ses questions. Ou Carole, mais celle-ci ne veut pas s'en mêler. Elle dit que c'est à nous d'expliquer ce que nous avons l'intention de faire.

MON PLAN

Tenter de me sauver dès que je verrai un homme arriver avec un calepin et un crayon. Parce que c'est bien connu, les journalistes portent tous de longs imperméables et trimballent des stylos sur leur oreille ainsi qu'un bloc de papier dans une poche.

Bref, je n'ai pas de temps à perdre. Je suis peut-être même déjà en retard… C'est que je ne sais pas quoi porter, ce qui n'est pas du tout dans mes habitudes. Surtout que, normalement, je dois mettre mon uniforme et c'est tout. Sinon, je ne porte que mes joggings et un t-shirt quelconque. Sauf que là, avec la possibilité d'être prise en photo et de paraître dans le journal, j'en suis venue à la conclusion que je devais peut-être faire un effort…

Je m'observe dans le petit miroir installé derrière la porte de mon placard. Et je n'arrive pas à dire si je suis satisfaite ou non. Le hic, c'est que je ne me ressemble pas. Je m'explique : j'ai tressé mes cheveux et dégagé ainsi mon visage. J'aime bien l'effet que ça crée. Par contre, si on voit mes yeux, il faudrait peut-être que je songe à me maquiller…

Moi, me maquiller ! (*Voyons, Nadeige, qu'est-ce qui se passe ? Tu es vraiment en train de devenir une vraie de vraie fille, toi !*) Mais puisqu'il le faut… Je ne veux pas que mes parents ou qui que ce soit disent que je semble fatiguée sur les photos. Alors je plisse le front, je sors la langue et me penche vers le miroir, tandis que je commence à appliquer une touche de mascara.

Argh ! Je viens d'en mettre sur ma joue ! Je mets un peu de salive sur mon doigt et essuie maladroitement la trace, puis je répète le même manège avec mon autre œil. Je me recule ensuite pour admirer le résultat. Bof… pas certaine…

Mais ça devrait aller. Je pourrais peut-être aussi mettre du rouge à lèvres ? Ce serait drôle. Je dois bien en avoir quelque part. Il me semble en avoir déjà acheté quand j'étais allée magasiner avec Émy. (C'était SON idée de me choisir une couleur, supposément parce que ça me rendrait plus féminine...)

Je vais fouiller dans mes articles de pharmacie et tombe sur un tube à peine entamé. De retour devant le miroir, je me fais un bec de canard et me colore les lèvres. Oh non ! J'en ai mis partout ! C'est donc bien compliqué !

Je ronchonne, essuie le rouge, recommence, le ressuie, puis j'abandonne ! Je n'ai pas besoin de rouge à lèvres, en fin de compte. Je suis très bien comme je suis, point final ! Bon, mes vêtements, maintenant ! Ça ne va pas du tout... Il faut dire que le look « je garde mon pyjama toute la journée » est loin de faire l'unanimité. Et cela, malgré son côté plus que confortable !

Après avoir sorti tous mes vêtements de mes tiroirs, je finis par me décider pour une jupe courte, une camisole noire et une veste turquoise. Mouais... pas si mal. Seul problème : je ressemble à la greluche ! Ma montre émet un bip sonore et j'y jette un œil. Pas le temps de me changer, je dois partir au plus vite !

Je pousse mon linge dans un coin de ma chambre et enfile mon manteau et mes souliers, puis je me rends au refuge ! Pour ne pas être encore plus en retard que je ne le suis déjà, je cours presque la totalité du trajet et j'arrive complètement essoufflée sur les lieux où l'activité doit avoir lieu.

Des tables ont déjà été installées dehors et la plupart des autres jeunes sont en train de sortir des chaises. Je ne vois Mathias nulle part, par contre. Il ne devrait pas tarder à arriver. Je salue le groupe et sors les ballons de mes poches. Béatrice et Zoé viennent m'aider à les gonfler et le temps passe à toute vitesse. En moins de deux, tout est prêt et il ne manque que Mathias. Mais à quoi il joue, celui-là ?!

Pourtant, il doit bien se douter que la patience et moi, ça fait deux ! Et d'abord, qu'est-ce qu'il a de si important qui l'empêche d'être avec nous ! Il ferait mieux d'avoir une bonne excuse, ou…

OH, LE VOILÀ ! Il vient de tourner le coin de la rue, tout en discutant avec un inconnu. J'avance de quelques pas pour aller le rejoindre, mais lorsque son regard tombe sur moi, il ouvre grand les yeux et s'exclame :

— Nadeige ? C’est bien toi ? Mais qu’est-ce que…, me demande-t-il en me dévisageant de la tête aux pieds.

— Qu’est-ce que tu fabriquais, au juste ?! Oh, ça ? Ce n’est rien du tout… des vieux trucs qui traînaient dans le fond de ma garde-robe. Sinon… euh… tu me présentes ?

Je sais, **je suis ridicule !** J’aurais très bien pu lui dire que ça m’avait pris plus d’une heure pour choisir ces vêtements et qu’en plus je ne les ai portés qu’une seule fois avant aujourd’hui – c’est-à-dire à Noël –, mais je viens de me rendre compte que l’inconnu qui l’accompagne a…
UN CRAYON DERRIÈRE L’OREILLE !!!

Mathias marche avec le journaliste ! Et j’ai bien failli me mettre à lui crier dessus. Par chance, je me suis reprise à temps. L’homme me fixe justement et sort son téléphone intelligent de sa poche, puis il me demande s’il peut me poser quelques questions, car il a déjà pas mal discuté avec mon ami.

— Euh… Mathias vous a sûrement raconté l’essentiel, alors je ne vois pas ce que je pourrais rajouter…

— En effet, mademoiselle, il m'en a beaucoup dit, mais j'aimerais aussi avoir ta version. Si cela ne te dérange pas trop…

Mathias me fait un sourire encourageant, puis s'éloigne pour me laisser parler seule à seul avec le journaliste. Je lui jette un regard noir, question de lui faire comprendre que je suis loin d'être contente qu'il m'abandonne de la sorte, mais cela ne semble pas l'impressionner outre mesure.

— Alors, tu t'appelles…?

— Nadeige… Nadeige Leblanc.

— Et tu es une élève du pensionnat de la ville, c'est ça ?

Je hoche la tête, en espérant qu'il se contentera de quelques questions faciles.

— Ce que j'aimerais savoir, Nadeige, c'est comment l'idée t'est venue de démarrer ce projet ? Ton ami m'a expliqué que c'était toi, l'instigatrice.

Je lui demande ou pas, la signification de ce mot ? Hum… il vaut peut-être mieux que je m'abstienne…

— Eh bien, en fait, j'ai toujours adoré les animaux. Bon, mes parents vous diraient que, par le passé, il m'est arrivé d'oublier de bien surveiller le chien de la voisine et que celui-ci s'est fait renverser par une voiture, mais j'ai changé depuis l'an dernier, vous savez. Vraiment changé !

— Euh…

— Maintenant, je ne triche plus dans les concours, je ne mens plus à ma meilleure amie et, surtout, je souris de plus en plus souvent. Même si bon, parfois, je dois me forcer, mais… l'effort est là, vous savez !

— Oui, je… Et si on revenait à ce projet ?

— Pardon, c'est vrai. Donc, euh… la première fois que j'ai sauvé un animal, c'était un petit chaton. Je revenais d'une séance de thérapie - parce que je suis une thérapie pour essayer de me contrôler et d'arrêter de faire des gaffes - et j'étais vraiment très en colère contre Mathias. Lui, il me suivait et je le trouvais trop étrange. Genre un peu *creepy*. Alors je me suis dit que, si j'empruntais une ruelle sombre, il me lâcherait. Mais il m'a suivie - ce qui, en bout de ligne, était plutôt gentil de sa part - et c'est là qu'on est tombés sur ce chat. Comme je ne pouvais pas l'amener au pensionnat, c'est Mathias qui s'en est occupé. Ensuite, on a trouvé une vraie famille au chaton - qui s'appelle Cannelle, maintenant, et plus Tigre. Et voilà ! L'idée venait de germer dans ma tête !

L'homme me fixe, le regard vide, sans trop comprendre le cheminement de mon cerveau. Mais ça, ce n'est pas nouveau : peu de gens y parviennent…

— Je… je ne suis pas sûr d'avoir tout saisi. Chose certaine, tu es une jeune fille très divertissante. En fait, je pense que ce serait intéressant de publier un portrait de toi. Ça te dirait de faire une entrevue complète ? Nous pourrions prendre un rendez-vous, cette semaine ? Je pourrais décrire aux gens du coin comment tu en es venue à suivre cette thérapie, tes défis et tes forces.

C'est à mon tour d'hésiter et de ne pas comprendre ce qu'il attend de moi. Il me semble que je suis la personne la MOINS intéressante du monde ! Je suis grognonne, impatiente, gaffeuse et impulsive. J'ai changé d'école trois fois cette année, j'ai déçu à peu près tout le monde autour de moi et, pourtant, ce journaliste croit que je pourrais intéresser quelqu'un ?

Et s'il avait raison ? J'acquiesce sans trop y croire, puis je le regarde aller rejoindre les autres pour leur poser quelques questions. Il prend ensuite plusieurs photos des lieux, des passants venus nous encourager, de Mathias, de moi…

C'est ultra gênant mais aussi vraiment motivant. Surtout que la journée est une réussite sur toute la ligne. Lorsque le moment est venu de démonter les tables et de ranger les chaises, nous avons jumelé une dizaine de familles avec des chats et des chiens qui n'auraient pas eu de place au refuge.

Carole nous félicite une dernière fois et, déjà, c'est le moment de rentrer. Comme toujours, je fais le trajet avec Mathias, heureuse de me retrouver un peu seule avec lui. Il était temps ! Nous n'avons pas eu une minute pour nous parler ! Et bien des choses restent encore en suspens entre nous…

D'ailleurs, nous n'avons pas fait deux pas que Mathias se met à parler à toute vitesse, comme s'il avait peur de ne pas avoir le courage nécessaire pour me dire ce qu'il a sur le cœur.

— D'abord, Nadeige, je voulais te dire que tu es super belle, aujourd'hui ! Pas que tu ne le sois pas normalement, mais disons que ce midi, quand je t'ai aperçue, j'ai vraiment été sous le choc. J'en ai eu le souffle coupé. Et je me suis dit que je serais stupide de ne pas me décider à… enfin… à te demander de… ben… Nadeige, est-ce que tu… tu voudrais sortir avec moi ?

— Enfin ! Je commençais à me demander quand tu allais te décider à me poser la question !

— Alors… c'est oui ? redemande-t-il, en s'arrêtant pour me faire face.

— Oui, mais à une seule condition…

— Laquelle ?

— Que tu n'attendes pas une semaine avant de m'écrire ET que ce soit toi qui fasses les premiers pas, cette fois, pour m'embrasser…

Mathias me sourit, puis pose les mains sur ma taille afin de me rapprocher de lui. Je lève la tête et conclus cette journée de la plus belle façon qui soit : en laissant mon tout nouveau chum me donner notre premier baiser en tant que couple…

Je suis une romantique finie
dès que je tombe en amour, moi !

Émy, j'ai un chum !!!

Oh ! C'est vrai ? Vous sortez ensemble ?
(On parle bien de Mathias, ici, j'espère ?)

OUI ! Après notre journée au refuge,
Mathias a ENFIN fait sa grande demande !

C'est cool, hein ? Et cette fois, c'est lui
qui a fait les premiers pas, et non moi…

Je suis vraiment contente pour toi, Nad !

Oh mais ce n'est pas tout ! J'ai une
autre excellente nouvelle !!!

Une autre bonne nouvelle ?
Coudonc, ça n'arrête pas ! 😉

Tu vas capoter… Imagine-toi donc
que ta BFF va devenir célèbre !

Je veux tout de suite un autographe.

Je vais me mettre riche, un jour,
en le revendant sur eBay !

Bon, pas réellement célèbre, mais disons
que je vais passer dans le journal local !

Dans le journal ? Wow ! C'est BIG !

C'est le journaliste qui était venu
pour en savoir plus sur notre projet
qui m'a posé des tas de questions
compliquées et finalement, il m'a
proposé qu'on se revoie cette semaine
pour faire une entrevue SUR MOI !

Il dit que ça pourrait intéresser les
gens de connaître mon parcours.
(Mais là, j'ai de sérieux doutes…)

Des doutes, pourquoi ? Tu vas être super
bonne ! Je te connais, tu as toujours plein
de choses à dire, une fois que tu es lancée.

Dès que le journal paraîtra, je t'enverrai
le lien pour lire l'article, c'est certain !

Cool ! On continue avec
les bonnes nouvelles ?

Bien sûr, je t'écoute !

Je vais rencontrer Toby en chair et en os !

QUOI ?! Et tu appelles ça
une bonne nouvelle ?

Moi je dirais plutôt que c'est la PIRE idée
que tu as eue depuis l'histoire des figures !

Hé ! Du calme ! Pourquoi tu
t'excites le poil des jambes ?

Je ne m'excite rien du tout !

J'ai peur pour toi !!!

Mais non, voyons ! Tu t'en fais pour rien !

Pour RIEN ?!? Va voir un peu les infos, Émy !

Des tas de filles disparaissent tous les jours parce qu'elles vont rejoindre des INCONNUS dans des parcs !

Arrête ça tout de suite, Nadeige Leblanc ! Je suis une grande fille ! Je n'ai pas besoin que tu me dises ce que je peux et ce que je ne peux pas faire !

Au contraire, parce que je sens que ton cerveau cesse de réfléchir dès qu'il est question de ton Toby !

OK. Je crois que notre conversation va s'arrêter ici.

Ne fais pas ça, Émy ! Je suis sérieuse !

Je te redonne des nouvelles plus tard.

Si tu es encore en vie !

20

ÉMY-LEE

Ça y est ! C'est le grand jour !

Je n'arrive pas à croire que je suis sur le point de rencontrer Toby. Je sais… Je sais… La liste des raisons pour lesquelles je devrais abandonner le projet est longue (presque infinie, même ; Nad n'arrête pas de me harceler, alors je connais cette liste PAR CŒUR), mais je me suis juré de ne plus passer pour la nouille de service et ça commence maintenant ! De toute façon, ma liste À MOI est bien plus cool !

RAISONS POUR LESQUELLES JE DOIS ABSOLUMENT RENCONTRER TOBY EN PERSONNE :

1. C'est beaucoup plus difficile de mentir à quelqu'un quand on le regarde en pleine face, alors Toby n'aura pas le choix de me dire la vérité, toute la vérité et rien que la vérité. (Je ne me gênerai pas pour

lui mettre une lampe sous le nez s'il le faut ! Vous savez, comme dans les salles d'interrogatoire !)

2. Je veux voir s'il est aussi beau en personne qu'en photo. (Information de la plus haute importance !)
3. Euh… C'est tout. Mes autres raisons sont plus ou moins valables… Besoin d'aventure, de me sentir importante, de me sentir aimée, considérée. Curiosité, goût du risque, défi, urgence de vivre. Bref, je pourrais aller faire un tour de montagnes russes et ça ferait pareil.

De toute façon, que j'aie raison ou non de penser ainsi, il est trop tard pour reculer. Je me suis engagée. Je dois retrouver Toby au parc à midi. Juste d'y penser, j'ai des papillons dans l'estomac ! En attendant que l'heure fatidique arrive, je tourne en rond. J'écoute des émissions sans intérêt à la télé, je lis, je niaise sur Internet et je fais même une brassée de lavage. Tout ça avec la tête dans les nuages et les mains bien distraites : elles versent du jus d'orange dans mes céréales, rangent la télécommande dans le frigo et vont même jusqu'à enfiler la veste de mon frère, qui est (évidemment !) bien trop petite pour moi.

— Qu'est-ce que tu as, ce matin? me demande ma mère, en m'aidant à retirer mon plâtre coincé dans une des manches.

— Rien... Tout va bien, dis-je, évasive. Tire plus fort...

Maman donne un grand coup (mais pas trop, quand même, pour ne pas me blesser davantage) et mon bras se libère aussitôt.

— En tout cas, je trouve que tu n'as pas l'air dans ton assiette, insiste-t-elle. Tu es même un peu blême.

— Je te dis que tout va bien. As-tu vu mes lunettes ?

— Tes lunettes? Tu ne portes pas de lunettes...

Maman s'avance vers moi pour prendre ma température du revers de la main et je lui souris, l'air malicieux.

— Ma petite vlimeuse, toi ! grogne-t-elle, en me donnant une petite tape sur l'épaule. Ne me fais plus des peurs de même !

— Et toi, arrête de t'inquiéter quand je te dis que tout va bien.

Je me prends une pomme dans le frigo et croque dedans à belles dents. Pas que je sois affamée, mais ça m'occupe les mains. Et l'esprit.

— Quels sont tes projets pour l'après-midi ? s'informe mon père en entrant dans la cuisine, une tasse de café à la main. Fais-tu quelque chose avec Nadeige ? Est-ce qu'elle est revenue chez elle pour la fin de semaine ?

— Non. Oui, en fait, dis-je, pour couvrir mes intentions. On va aller faire un tour au parc, toutes les deux.

Je baisse la tête en espérant que la couleur de mon visage ne m'a pas trahie. Soudain, mon iPod vibre dans la poche de mon jeans. Je le lève pour indiquer à papa et maman que j'ai un message et je monte dans ma chambre pour répondre à Talbot.

Salut, Émy ! Ça te dit, un ciné, cet après-midi ?

Bonne idée ! Il y a justement un super film d'action que j'aimerais voir.

Super ! Je passe te chercher vers midi et demi.

Hum… Je ne sais pas si je vais
être revenue à temps.

Revenue d'où ?

Du parc. J'ai un rendez-vous.

Avec qui ?

Pas important.

Talbot ne répond pas tout de suite. Est-il en train de faire le lien ? À mon avis, il doit se douter de quelque chose…

Sérieux, Émy ? Ne me dis pas que
tu acceptes de le rencontrer ?

Pourquoi pas ? On va être dans un
lieu public. Il n'y a pas de danger.

Tu ne sais rien de lui ! Il pourrait
être un pédophile, un voleur
d'enfants, un ex-prisonnier !

Un ex-prisonnier ? Franchement, tu exagères ! Moi, je trouve qu'il est vraiment gentil de faire tant de route pour qu'on puisse enfin se voir en personne.

Tant de route ? Comment ça ?

Oui, il habite à deux heures d'ici. Ses parents ont des trucs à faire dans le coin, alors ils vont le laisser au parc. D'ailleurs, je dois y aller ! On se parle à mon retour, OK ?

Attends, Émy ! Ne fais pas ça !
C'est dangereux !

J'éteins mon iPod, un grand sourire aux lèvres. Talbot est vraiment trop mère poule !

***

OK. Cette fois, c'est vrai. Il va arriver d'une minute à l'autre.

Il ferait mieux de se dépêcher parce que mon doigt commence à saigner. Je devrais peut-être arrêter de ronger mon ongle…

Je suis si nerveuse que je passe mon temps à tourner la tête dans tous les sens dans l'espoir de le voir apparaître au coin de la rue, derrière un arbre ou à bord d'une voiture. Vais-je le reconnaître tout de suite ? Vais-je le trouver de mon goût ? Vais-je avoir envie de l'embrasser ? Torbinouche ! Je suis carrément en train de brûler les étapes, là ! Laissons-le au moins arriver.

Il y a tant de questions, tant de fébrilité en moi, que mon cœur me fracasse la poitrine de l'intérieur. Je voudrais que Toby soit là, tout de suite ! Je n'en peux plus d'attendre. Je consulte mon iPod pour la douze millième fois. Midi trente. Il est en retard d'une demi-heure. Qu'est-ce qui se passe ? Est-ce que ses parents ont eu une crevaison ? Un accrochage ? Peut-être qu'ils sont partis en retard. Peut-être qu'ils se sont perdus. Peut-être qu'il a changé d'idée…

Non. Je refuse d'accepter cette éventualité.

Mes pensées sont interrompues par un drôle de bruit, un peu plus loin sur ma droite, comme si on cherchait à attirer mon attention. Je tourne la tête et une voix me souffle :

— Psst ! Par ici !

C'est lui ? *Oh my God !* Mon iPod se retrouve au fond de ma poche dans le temps de le dire.

J'ai les jambes molles, tout à coup ! Et si j'étais sur le point de vivre la plus grande histoire d'amour de tous les temps ? Hein ?

Bien décidée à foncer, je parcours nerveusement les quelques mètres qui me séparent du bonheur et me retrouve sous un immense sapin. Je prends une grande inspiration (j'ai vraiment besoin de me calmer) et me dis que ça sent bon… ça sent Noël. Mais Noël sans Toby, ce n'est pas ce que je veux. Où est-il, celui-là ? J'ai les nerfs à vif, ce n'est pas le temps de jouer à cache-cache.

Un craquement me fait sursauter. Qu'est-ce que c'est ? Un écureuil ? Un oiseau ? Curieuse, je lève la tête vers les plus hautes branches de l'arbre et j'aperçois quelqu'un bouger. Et là…

Splach !

Un liquide visqueux me tombe directement sur la tête. Qu'est-ce que c'est que ça ? On dirait… On dirait du sirop ! Je lâche un cri de surprise et recule d'un pas, les bras dans les airs. Je suis toute collante ! Et mon plâtre est dégueu ! Une chance qu'il va dans l'eau, je vais pouvoir le nettoyer sous la douche !

— Hé ! Vous vous trouvez drôles, hein ? Attendez que je le dise à vos parents !

J'entends un ricanement s'élever des branches et, l'instant d'après, l'attaque se poursuit en force.

Cette fois-ci, c'est une nuée de trucs piquants qui me tombe dessus. Yark! C'est quoi, ça? J'en ai partout! Sur la tête, sur les épaules, sur les bras! J'ai beau frotter de toutes mes forces avec ma seule main valide, je ne fais qu'empirer la situation.

— Vous êtes malades ou quoi? Qu'est-ce qui vous prend? Regardez de quoi j'ai l'air, maintenant!

— Oui, oui, on a vu..., dit une voix que je connais bien.

Je tourne sur moi-même et me retrouve nez à nez avec nulle autre que... La greluche! Torbinouche! Qu'est-ce qu'elle fait là, elle? Et pourquoi est-elle en train de me filmer?

— Tu es très jolie, comme ça! fait-elle, en ajustant son cellulaire pour me cadrer de la tête aux pieds. Tu es chanceuse, dans moins de dix minutes, le monde entier verra à quel point ça te fait bien, des poils de chien sur la tête.

— Des poils de... chien? dis-je, tout à coup nauséeuse.

Ce n'est pas vrai! Me voilà infestée de puces, de vers, d'excréments et de toutes sortes de parasites qui vivent sur le dos de ces bestioles! Je vais mourir!

— Bah ! De chiens, de chats... et peut-être même d'humains, précise Noémie, fière de son effet. Il y a un peu de tout dans mon mélange !

J'ai de plus en plus mal au cœur... Rien que l'idée d'avoir des poils d'un inconnu sur mon corps me révulse tellement que je n'y peux rien... Je me retourne et commence à vomir. Les spasmes de mon estomac sont si puissants que j'en mets partout : sur le tronc d'arbre, sur le sol et sur mes chaussures ! Pendant que je m'humilie devant tout le monde (oui, oui, la moitié des enfants du parc – et leurs parents – m'observent avec de grands yeux), Noémie continue de filmer en ricanant. Cette fille, c'est vraiment le diable en personne !

Au bout d'un moment, mon estomac se calme enfin et je me redresse, le visage rouge et la tête lourde. Je tangue jusqu'au petit banc de bois qui se trouve à quelques mètres de moi et m'y laisse tomber, le cœur battant. Une gentille dame étire le bras pour m'offrir une lingette nettoyante et son fiston me caresse le genou dans le but de me réconforter. Un pâle sourire étire mes lèvres et j'accepte la lingette avec reconnaissance. Comme quoi, il y a encore des gens bien dans ce bas monde.

Une fois que je me suis nettoyé le visage et que j'ai à peu près retrouvé mes esprits, je lève la tête et cherche Noémie du regard. Évidemment, elle a disparu… Elle s'est sauvée avec ses images sordides et sa petite face d'hypocrite.

Et là, c'est plus fort que moi. Je pleure…

✓ Je pleure parce que je déteste la greluche DE TOUTES MES FORCES! J'aimerais que Noémie et ses plans machiavéliques n'aient jamais existé.

✓ Je pleure parce que je vais encore me faire humilier sur Internet. Je vais passer de «La fille qui n'a pas beaucoup d'amis» à «La fille qui n'a PLUS DU TOUT d'amis» en l'espace d'une demi-journée!

✓ Je pleure parce que Toby ne s'est pas pointé à notre rendez-vous. J'ai bien envie de lui écrire, mais comme j'ai juré de ne plus être la cruche de service, je laisse tomber. C'est clair qu'il n'a pas l'intention de se pointer.

✓ Et je pleure parce que je vois Talbot arriver au loin…

Il avance vers moi, les mains dans les poches, le regard triste. Une fois arrivé à ma hauteur, il me détaille de la tête aux pieds sans rien dire. Il ne me pose pas de questions (je lui en suis reconnaissante), il ne cherche pas à me réconforter (je crois qu'il ne trouve tout simplement pas les mots) et il ne me serre pas dans ses bras non plus (qui voudrait me toucher ?). Il se contente de s'asseoir à côté de moi et de s'appuyer au dossier du banc.

On reste ainsi pendant un moment. Pas de sermon. Pas de reproches. Pas de conseils que je balancerais au bout de mes bras de toute façon. Juste la chaleur du soleil sur nos joues.

Je tourne la tête vers Talbot et l'examine discrètement. Il n'est pas vraiment beau, mais il n'est pas laid non plus. C'est un ami. Un bon ami. Est-ce qu'il pourrait être plus que ça ? Est-ce que je pourrais avoir envie de sortir avec lui ? Je ne sais pas... Il est tellement gentil que je me dis qu'il serait sûrement un excellent amoureux. Doux, attentionné, prévenant... Je me demande s'il embrasse bien... En fait, je me demande s'il a déjà embrassé quelqu'un...

Mon iPod vibre dans ma poche et me fait sursauter. Torbinouche ! Il était temps que je reprenne le contrôle de mes pensées ! Talbot et moi ! Franchement ! Je secoue la tête pour retrouver mes esprits et j'ouvre ma messagerie. C'est Toby !

Salut, Émy ! Désolé si j'ai raté
notre rendez-vous. J'ai la gastro.

Yark ! La gastro ? Je suis bien contente qu'il ne soit pas venu, finalement. On aurait fait un sacré duo de vomi !

Pauvre toi ! Est-ce que ça va ?

Bof. Je passe mon temps aux toilettes.
Je t'épargne les détails. On se reprend,
OK ? J'ai vraiment envie de te voir.

Oui ! Écris-moi quand tu iras mieux.

Parfait ! XXX

J'éteins mon iPod, le visage plus radieux que jamais. (Oui, je sais, c'est un peu étrange, étant donné que je suis couverte de poils et de sirop, mais je m'en fiche tellement !) Toby veut me voir ! Et il a mis des bisous à la fin de son message ! Je croyais que c'était fichu, nous deux, je croyais qu'il m'avait posé un lapin ! Mais non ! Il est juste malade !

Je me tourne pour annoncer la bonne nouvelle à Talbot, mais sur le banc, la place à côté de la mienne est vide. Je lève la tête et je vois mon ami disparaître au loin. Mon cœur se serre… Je ne sais plus que penser, tout à coup…

Émy !!!

Je t'en prie, RÉPONDS !!!

Pas besoin de crier ! Qu'est-ce qu'il y a ?

D'abord, promets-moi de ne pas paniquer.

Je viens de voir une vidéo de toi…
couverte de poils de… de quoi, au juste ?

Ah ! La vidéo ? Tu es en retard dans
les nouvelles, ça fait des jours que
la greluche l'a mise en ligne.
Ne t'inquiète pas, ce n'est rien !

Comment ça, ce n'est rien ???

C'est le truc le plus atroce
qu'on pouvait te faire !

En plus, toi qui détestes tout ce qui est
sale et possiblement couvert de microbes.

Je sais, c'était dégueu ! Mais ça ne sert à rien de monter sur tes grands chevaux, Nad.

Ce qui est fait est fait.

Bon, alors voici le plan : je viens passer le week-end chez mes parents.

Pendant ce temps, toi tu vas acheter de la mélasse et des œufs. Moi, je vais ramasser des crottes de chien au refuge que je mettrai dans des sacs et que j'apporterai avec moi. Ensuite, on n'a qu'à trouver LE moment idéal pour…

Non, tu ne feras rien du tout !

Émy ! Laisse-moi au moins rapporter des crottes, OK ?

Juste une petite…

Et tu ne dois pas te laisser marcher sur les pieds !

Je ne me laisse pas marcher sur les pieds, j'applique la technique du « je-m'en-foutisme ». Noémie va bien finir par se tanner si je ne réagis pas à ses provocations.

Pff ! Même si tu me le jurais sur la tête de ton frère, je ne te croirais pas quand tu dis que ça ne t'a rien fait de voir ta face couverte de poils sur Internet !

Rien du tout ! Ça coule sur moi comme la pluie sur le dos d'un canard.

Un canard avec du poil, Émy !!!
Et du poil sale, en plus !

Ha ! Ha ! Très drôle !

Comment ça va avec Mathias, toi ?

Comme si j'avais le goût de te parler de mes amours après un truc pareil !

Rien à faire, je m'en vais appeler mes parents pour qu'ils viennent me chercher en fin de semaine !

Bye !

Yé ! J'ai super hâte de te voir ! Mais on ne va pas parler de la vidéo, le sujet est clos.

On pourra parler de Mathias ! ♡

Et de tout ce que tu voudras.

Hé ! Toujours là ?

En vie ?

Non ?

OK.

On dirait bien que je parle toute seule.

C'est ça, hein ? Oui. Tu es partie.
C'est un peu gênant.

C'est bon, j'éteins.

À +

21

NADEIGE

Parfois, on a l'impression que les choses ne peuvent que s'améliorer. On se dit que les ennuis sont derrière soi. Que les mauvaises nouvelles ne peuvent plus nous atteindre. Et qu'on va enfin voir le soleil, caché depuis si longtemps derrière les nuages…

Mais ensuite, on comprend que ce n'était qu'une toute petite éclaircie. Bref, que rien n'a changé. Parce qu'il faut se rendre à l'évidence : rien ne change jamais ! Quand on a un karma de bouette, on le conserve TOUTE sa vie ! Ce qui, il faut bien le dire, est mon cas. Et peut-être bien celui d'Émy, si j'en juge par tous les pépins (et les poils de chien) qui lui tombent sur la tête depuis mon départ pour le pensionnat.

Mais ça, je ne le savais pas avant de revenir chez moi pour le week-end. Enfin… ce n'est pas tout à fait vrai non plus. Si j'ai réussi à convaincre mes parents de venir me chercher, c'était pour aider ma *best* à se venger (même si elle n'est pas encore prête à voir les choses de cette façon). Pas question que je laisse passer cet affront de la part de la greluche ! Elle, elle va me le payer pas plus tard qu'aujourd'hui.

Bon, je n'ai pas décidé de quelle façon j'allais m'y prendre, mais une fois que j'aurai réussi à convaincre Émy de se joindre à moi, on va lui faire sa fête ! Et je vous le garantis, elle n'aura aucune bougie à souffler…

Sauf que ça, c'était ce que j'avais en tête AVANT de mettre le pied hors de chez moi… et de croiser le regard de la SEULE personne que j'essaie d'oublier depuis un moment déjà… Sasha.

Il se tient en bas du perron, les mains dans les poches, et semble hésiter avant de venir me rejoindre. Moi, je ne sais pas trop quoi dire, alors je fais comme d'habitude et je garde le silence (ainsi que mon air renfrogné). Comment il a su que je serais là, d'abord ? Qui lui a dit que je viendrais passer le week-end chez moi ? La seule personne à être au courant est Émy… Et peut-être aussi son Toby, à qui elle raconte TOUTE sa vie ! Grrr…

— Salut, Nadeige… Tu… tu viens marcher avec moi ?

Je hausse les épaules, puis je finis par me résoudre à le suivre. Je descends lentement les quatre marches et lorsque j'arrive à sa hauteur, je ne peux me retenir. C'est toujours pareil, lorsque je suis près de Sasha… Je ressens ce besoin VISCÉRAL de sentir son odeur. Je parviens tout de même à garder les yeux ouverts, sinon j'aurais carrément l'air un peu bizarre.

Évidemment, Sasha me connaît trop pour ne pas remarquer mon petit manège et je détecte aussitôt son petit sourire victorieux, ce qui me met de bien mauvaise humeur.

— OK, tu veux quoi, au juste ? Je m'en allais chez Émy, là, pour lui faire la surprise.

S'il est étonné par mon ton légèrement hargneux (OK, pas si légèrement que ça…), il n'en laisse rien paraître et me répond simplement :

— Je voulais te féliciter.

— Me féliciter ? Pourquoi ? Je n'ai pas sauvé d'enfant de la noyade ni empêché le déraillement d'un train, que je sache…

— Non, mais tu es parvenue à faire changer mon père d'avis en ce qui te concerne. Et pour réussir ça, tu mériterais presque une médaille ! blague-t-il, alors que je comprends de moins en moins ce qu'il raconte.

— De quoi tu parles ? C'est quoi le rapport avec ton père ?

Sasha ne répond pas tout de suite et me pointe le parc, au coin de ma rue. Puis, il bifurque dans cette direction. Pas le choix. Ou je continue tout droit pour me rendre chez ma *best*, ou je le suis pour savoir ce qu'il me veut. Le choix devrait se faire facilement (Émy sera toujours ma priorité), mais, sans que je puisse le contrôler, mon corps se met à marcher derrière Sasha.

Vraiment ! Je ne peux rien y faire !
C'est comme si mes pieds avaient leur propre identité… OK, la vérité, c'est que je ne peux pas tourner le dos à mon ex-chum aussi facilement. Il est… il est juste… Il est Sasha et je ne peux pas faire grand-chose contre ça…

Les lieux sont vides et nous prenons place chacun sur une balançoire. Je commence à me pousser avec mes pieds, tandis que Sasha se tourne vers moi pour m'observer. Il sourit sans dire un mot, puis il adopte le même rythme que moi pour que nos balançoires montent et redescendent en douceur. Je lui rends son sourire et me lance.

— Bon, tu m'expliques c'est quoi cette histoire avec ton père ? Il ne devrait plus trop s'en faire avec moi, étant donné que j'habite loin désormais. Je ne risque pas de sauter sur son fils dans son dos…

— Et c’est bien dommage…, murmure Sasha sans me regarder.

Je manque de m’étouffer et je sens mes joues s’enflammer. Il commence à faire chaud, pour ce mois de mai, non ? D’un coup d’épaule, je retire ma veste et la jette au sol, tout en continuant à me balancer. Finalement, Sasha reprend et m’explique enfin :

— En fait, mon père est tombé sur un article qui a été mis en ligne sur le site de ton pensionnat. Il se tient toujours au courant de ce qui se passe dans les autres collèges, tu vois. Bref… tu… tu es passée dans le journal, hein ?

— Oh, ça ? Ouais… C’est possible. Enfin, il ne faut pas que tu croies tout ce que tu lis dans les médias, tu sais. C’était juste un article comme ça. Et le journaliste n’écrivait même pas sur un bloc-notes avec son crayon, mais il enregistrait l’entretien sur son téléphone intelligent. Pas du tout dans l’esprit d’un vrai journaliste, si tu veux mon avis.

— Euh… si tu le dis. Peu importe, l’important, c’est que mon père a vraiment été très impressionné par le projet que tu as démarré. Il m’a même fait lire l’article.

— Oh non ! Tu l'as lu ? Je te le dis, j'ai répondu un peu n'importe quoi ! Mais ses questions étaient vraiment poches et je ne savais pas…

— Arrête, tu étais parfaite. Comme d'habitude…

Cette fois, mes joues sont si rouges qu'elles me brûlent carrément. Pour ne plus dire de stupidités, je préfère me taire et le laisser finir. Sans m'en rendre compte, je ralentis encore la cadence, tout comme Sasha. Il tend même la main vers une de mes cordes et nous ne sommes plus qu'à quelques centimètres de distance.

— En tout cas, tout ça pour dire que… que mon père est revenu sur ses dernières paroles. Il a dit qu'il était peut-être prêt à te pardonner tes erreurs passées. Et que si c'était toujours ce que je souhaite, il me permettrait de… de te revoir…

Ma gorge devient si sèche que je me demande si je ne vais pas mourir asphyxiée. La voix rauque, je répète :

— … me revoir ? Comme… comme des amis ?

Sasha secoue la tête, avant de se pencher doucement vers moi. Et voilà ce que je veux dire, quand je parle de plonger à pieds joints dans les ennuis de nouveau. De voir le ciel s'obscurcir pour de bon. Parce qu'au moment où les lèvres de Sasha se posent sur les miennes, JE SAIS que je suis en train de tromper Mathias. Et pourtant... je le laisse faire. Pour être tout à fait honnête, je dirais même que je l'encourage. Que je lui permets de prendre mon visage entre ses mains, comme il l'a fait si souvent, pour me tirer encore plus près de lui.

Notre baiser ne dure sûrement que quelques secondes et pourtant, cela me paraît des heures. Pas que ce soit ennuyant du tout ! Au contraire ! C'est... c'est un baiser de Sasha. Et les baisers de Sasha... il n'y aura jamais rien pour battre ça. En fait, c'est plutôt comme si le temps s'arrêtait.

Ce n'est qu'au moment où il se décolle et plante ses yeux dans les miens que je réalise ce que je viens de faire. Et sa demande ne fait qu'empirer les choses...

— Je t'aime, Nadeige. Je n'ai jamais arrêté de t'aimer, même quand tu étais loin et qu'on ne se parlait plus. Alors maintenant que c'est possible... Est-ce que tu accepterais de ressortir avec moi ?

— Mais... mais... j'habite encore loin, tu sais ! Et je... je...

— L'été s'en vient et tu ne le passeras sûrement pas au pensionnat, non ?

— Non, non... Sauf que... ben... je... je ne peux pas.

Il s'éloigne, les mains toujours posées sur mes joues, sans comprendre.

— Tu ne m'aimes plus ? Tu es fâché contre moi d'avoir attendu que mon père me donne la permission ?

Je secoue la tête, alors que mes yeux se remplissent d'eau.

— Ce n'est pas ça. Je… je t'ai tellement aimé, Sasha, qu'au moment où on s'est laissés, je me suis dit que jamais je ne pourrais tomber amoureuse d'un autre gars. Je ne suis qu'une idiote, tu n'as pas idée…

— Hé, ne dis pas ça, réplique-t-il, en essuyant mes larmes qui coulent maintenant sur mes joues librement.

— Oh, je sens que tu vas bientôt être d'accord avec moi… Dans mon groupe de thérapie, j'ai… j'ai rencontré quelqu'un, tu vois… Et…

Dans un mouvement vif, il enlève ses mains de mes joues et recule, un air atterré sur le visage. D'une voix sourde, il demande :

— Tu sors déjà avec un autre ?

Tout ce que je parviens à faire, c'est hocher la tête, tandis que mes larmes redoublent de vigueur. Sasha saute sur ses deux pieds, s'éloigne, puis revient, les yeux rouges. Il pointe un doigt vers moi, énervé, et s'écrie :

— Tu m'as embrassé ! Tu m'as rendu mon baiser !

— Je sais, c'est que…

— Non, ne te justifie pas. Tu n'as pas besoin de le faire. Si tu l'as fait, c'est parce que tu m'aimes encore. Je le sens, reprend-il en passant sa main dans ses cheveux. Alors, tu vas le lui dire ?

Je fronce les sourcils, sans trop comprendre.

— Tu vas lui dire qu'on s'est embrassés ? redemande-t-il.

C'est une question à laquelle je ne peux pas répondre. Pas maintenant, alors que tout se mélange dans ma tête. Je me mords les lèvres, baisse la tête et ne dis rien. Il s'agenouille devant moi et prend mon menton dans sa main pour que nos regards se croisent. Puis, il murmure :

— Règle tes choses avec lui, Nadeige. C'est ma faute si tout ça arrive. J'aurais dû affronter mon père plus tôt. Si je l'avais fait, nous n'aurions jamais cassé. Alors je ne t'en veux pas. Je vais attendre… Parce que je sais que tu vas me revenir. Et toi aussi, tu le sais, termine-t-il, juste avant de poser ses lèvres en vitesse sur les miennes, puis de se relever.

Il me tourne ensuite le dos et se met à courir à toute vitesse. Moi, je reste là, le cœur à l'envers, la tête sur le point d'exploser. Il faut que je parle à Émy. Que je lui raconte ce qui vient de se produire. Et que je lui demande quoi faire.

Quand je vous disais que les nuages étaient revenus. Et qu'ils semblent être en train de s'installer au-dessus de ma tête pour un bon moment…

Émy ?

Émy, j'aurais besoin de te parler…

Tu es là ?

Bon, appelle-moi dès que tu le peux.
Je suis au parc, près de chez moi.

Mes parents viennent de me
redonner mon cellulaire, alors je peux
t'écrire des textos désormais.

Viens me rejoindre dès que tu le peux.

Une bombe vient de me tomber sur la tête.

Une bombe du nom de Sasha…

22
ÉMY-LEE

Mon iPod ne cesse de vibrer et je sais que c'est Nad qui n'arrête pas de m'envoyer des messages, mais Talbot vient d'arriver dans ma chambre et il me regarde d'un air tellement triste que je sens mes yeux s'emplir d'humidité. Je m'attends à ce qu'il m'annonce que ses parents viennent de mourir dans un écrasement d'avion ou qu'il a reçu un diagnostic de leucémie virulente, mais au lieu de cela, il pince les lèvres, baisse le menton et marmonne:

— Désolé de t'annoncer ça, Émy-Lee, mais je ne peux pas garder ça pour moi.

— Qu'est-ce qu'il y a?

— Toby n'est pas réel.

Sur le coup, je ne saisis pas le sens de sa phrase. Je fronce les sourcils et lui demande des explications.

— J'ai fait quelques recherches, précise-t-il en se frottant le front avec la main. Il se trouve que Toby est un personnage inventé de toutes pièces.

— Qu'est-ce que tu veux dire, un personnage ? Je n'ai quand même pas correspondu avec un robot pendant tout ce temps-là !

— Pas un robot, continue-t-il, la voix hésitante. Une fausse identité.

OK. Je comprends ce qu'il essaie de faire. Il veut que j'arrête de m'intéresser à Toby, mais il s'y prend d'une bien mauvaise façon ! Je ne vais pas avaler ça. Nos conversations étaient réelles, c'est impossible qu'il s'agisse d'une fausse identité. J'ai bel et bien parlé avec un gars de mon âge, pas un vieux croûton qui n'a rien d'autre à faire de ses journées ! Voyant le doute dans mes yeux, Talbot ne dit rien et se contente d'ouvrir mon portable, d'entrer quelques mots clés tels que : « ado », « skate », « beau » et de lancer la recherche Internet. Aussitôt, des centaines d'images apparaissent. Je vois des planches à roulettes de toutes les couleurs, des rampes, des chambres d'ados et des gars... Plein de gars. Talbot fait descendre le curseur et je fige.

Non... Ça ne peut pas être lui...

Mon cœur n'y croit pas, mais mon cerveau, lui, a bien compris. C'est Toby, juste là, en train d'exécuter une figure. Et c'est encore Toby, par ici, qui fait des graffitis sur un mur. Et Toby qui saute. Et Toby qui rit. Et Toby qui regarde le paysage, au sommet d'une montagne.

Je m'empare de ma souris, clique sur une des photos et suis le lien jusqu'au site Internet d'une agence de mannequins basée en Allemagne. QUOI ? En Allemagne ? Le beau gars en question se nomme Ulrich et gagne sa vie en posant pour une compagnie qui vend des vêtements de skate.

— Je suis vraiment désolé, me dit Talbot.

Il essaie de m'enlever mon portable des mains, mais je résiste. Je ne suis pas prête à laisser partir Toby si rapidement. Je veux… je veux passer encore un instant avec lui… Comment c'est possible, tout ça ? Comment quelqu'un peut-il inventer un personnage de toutes pièces à l'aide de photos trouvées sur le Net ?

— Tu sais, ce n'est pas si difficile, m'explique Talbot, comme s'il avait lu dans mes pensées. Je n'ai eu aucun mal à me créer différentes identités sur Facebook. Quand tu sais comment faire, deux-trois clics suffisent.

Quoi ? Ai-je bien entendu ? Talbot a fait ça ? Je lève la tête d'un mouvement brusque et le fusille du regard. Il ouvre grand les yeux, conscient qu'il vient de me faire une révélation-choc.

— C'était toi ? dis-je en refermant le couvercle de mon ordinateur, en furie.

— Hein ? Quoi ? NON ! bafouille-t-il, les mains levées comme pour se protéger d'une éventuelle attaque. Je ne suis pas Toby ! Pour qui tu me prends ?

— Qu'est-ce que tu as fait, alors ? C'est quoi, ton histoire de faux profils ? Allez, parle !

— Minute ! Je vais t'expliquer !

Talbot me jette un regard craintif, se lève et va s'asseoir sur une chaise. C'est clair qu'il a peur de ma réaction. Il appuie les coudes sur ses genoux, fixe un instant le plancher et m'explique enfin :

— J'ai commencé à créer des profils Facebook quand tu étais déprimée. Tu te souviens ? Tu pleurais tout le temps et tu passais tes journées sur le blogue de Fille déprimée.

— Je n'ai pas la mémoire d'une mémé de quatre-vingt-dix ans, dis-je, de mauvaise humeur. Je me souviens très bien de Fille déprimée. Et je me souviens surtout que c'est une hypocrite, une menteuse et une manipulatrice. Continue !

— Oui, j'y viens... Bon... En fait, tu sais que j'ai eu beaucoup de peine pour toi quand ton texte a été publié sur le blogue et que les gens se sont moqués de toi. Je n'arrivais pas à le supporter. Je voulais t'aider, mais tu me trouvais pas mal achalant…

Je pince les lèvres. C'est vrai que je n'ai pas toujours été très patiente avec Talbot. Je l'ai même envoyé promener à quelques reprises alors qu'il ne souhaitait que mon bien.

— Je me suis dit que ça te ferait du bien de recevoir des messages positifs, une fois de temps en temps, continue-t-il, un peu honteux.

Des messages ? Positifs ? Ah… je vois… Je comprends maintenant pourquoi j'ai reçu plein de demandes d'amitié et de témoignages hyper encourageants du jour au lendemain. Ils provenaient tous de Talbot ! Le gars qui me félicitait pour ma case, c'était lui ! La fille qui me disait de laisser faire les ragots, c'était lui aussi ! Et le couple qui essayait de me convaincre de réintégrer le club d'athlétisme, c'était encore lui !

Torbinouche ! Dans l'art de se faire prendre pour une tarte, je suis incontestablement au sommet du palmarès ! Je suis si en colère que ma voix est beaucoup plus forte que nécessaire quand je demande à Talbot :

— Tu sais qui s'est fait passer pour Toby ?

— C'est Noémie, me répond mon ami, mal à l'aise.

La nouvelle m'atteint au cœur comme un coup de poignard. Noémie ? La greluche ? Mais oui… bien entendu… Pourquoi je n'y ai pas pensé avant ? Cette fille est prête à tout pour me pourrir l'existence, pour me ridiculiser, pour me… Oh…

Les morceaux du casse-tête s'assemblent parfaitement maintenant que j'ai toutes les pièces en main… Noémie a pu diffuser la vidéo de mon accident, parce qu'en l'envoyant à Toby, c'est à ELLE que je l'ai envoyée ! La suite est facile à comprendre… Le parc. Le sirop. Les poils. L'humiliation. Elle a tout manigancé depuis le début. Elle s'est fait passer pour un beau gars parfait, elle a soigné son écriture (je la soupçonne même d'avoir demandé de l'aide à quelqu'un ; c'est la reine des fautes d'orthographe !), elle a profité de ma vulnérabilité et elle ne s'est pas gênée pour me faire la peau ! Pour me mettre à nu…

Parce que c'est comme ça que je me sens, en ce moment. Toute nue.

Je m'en veux tellement que la rage me quitte complètement. Je ne suis plus en colère. Je n'ai plus le goût de détruire la terre entière. J'ai juste le goût de pleurer… Ma gorge est si serrée que j'ai de la difficulté à respirer.

— Tu veux qu'on aille dehors ? me propose Talbot. Ça te ferait du bien, un peu d'air frais.

L'idée est excellente. J'ai l'impression d'étouffer. Je hoche la tête et Talbot m'agrippe par le bras pour m'aider à descendre l'escalier. Il prévient mon père qu'on va faire un tour et m'entraîne dans les rues en silence.

Pendant plus d'une heure, je pleure. C'est une des choses que j'aime, avec Talbot. Je n'ai pas besoin de parler pour qu'il me comprenne. Il est là. Je suis là. C'est bien suffisant.

Je mets un moment à comprendre que nos pas nous ont guidés jusqu'à la rivière. Mes yeux se posent sur l'eau, sur la beauté du paysage, et je me dis que je ne peux pas être malheureuse éternellement. J'essuie donc mes yeux avec le bas de mon chandail et me penche pour prendre une grosse pierre dans mes mains. Je la lance à l'eau de toutes mes forces.

— Bye, Noémie ! dis-je à voix haute.

Puis, j'en choisis une autre encore plus grosse. Je la largue en criant :

— Adieu, Toby !

Et je recommence mon petit manège encore et encore. Je me débarrasse de ma colère, de ma mauvaise humeur, de ma honte, de mes remords, de ma naïveté, de mes angoisses… Bref, je fais un grand ménage dans ma vie. Ça fait un bien fou !

Je me sens tellement plus légère, tout à coup ! J'ai l'impression que je viens de reprendre (enfin !) le contrôle de ma vie. Rien ni personne ne peut se mettre en travers de mon chemin. Je suis Émy-Lee Samson ! Je suis belle, je suis forte et j'ai envie de faire quelque chose de complètement fou !

— Quoi ? me demande Talbot, légèrement inquiet. Pourquoi tu me regardes comme ça ?

Je m'approche de lui et pose une main sur sa joue. Il rougit instantanément et recule d'un pas.

— Qu'est-ce que tu fais, Émy ?

— Ceci…, dis-je en posant mes lèvres sur les siennes.

Talbot me rend mon baiser avec émotion, une main posée dans le bas de mon dos et l'autre dans mes cheveux.

Nad ? Tu ne vas jamais me croire !

Bof, il n'y a plus grand-chose
qui me surprend...

Tu viens enfin de recevoir mes textos ?

Il m'est arrivé tellement de
trucs, aujourd'hui, que je ne sais
pas par où commencer.

Pourquoi tu ne viendrais pas me
rejoindre pour tout me raconter.

Je suis encore au parc, à côté de chez moi.

Au parc? Qu'est-ce que tu fais là?

Je te raconterai en personne.
Tu viens ou pas ?

Oui, j'arrive. Je suis au bord de la
rivière, je serai là dans quelques
minutes. En attendant, tu veux la bonne
nouvelle, la mauvaise nouvelle ou la
nouvelle un peu (pas mal) étrange ?

Peu importe, dis-moi n'importe laquelle.

Toby n'existe pas.

Pour vrai ? Bon, enfin une bonne
nouvelle dans ma journée de chnoute !

Ben c'était ça, la mauvaise
nouvelle ! Franchement !

Voici la bonne : il fait partie de
mon ancienne vie. Noémie aussi.

Euh… tu m'expliques ?

Ce que je veux dire, c'est que j'ai
fait un gros travail psychologique sur
moi-même et j'accepte maintenant
le fait que j'ai été naïve.

Et le plus beau, c'est que ça
ne se reproduira plus !

Tu auras des détails dans quelques
minutes, je suis presque arrivée !

OK… et ta nouvelle étrange, c'est quoi ?

J'ai peut-être *un peu* embrassé Talbot.

Noooon… Dites-moi que je rêve !
C'est la journée des baisers ou quoi !?

Hein? Comment ça, la journée
des baisers? Mathias est ici ?

Je te raconterai tantôt…

Alors, vous sortez ensemble ?

Tu es vraiment curieuse, dis donc !

Ne t'inquiète pas, tu auras
TOUS les détails !

En tout cas, je sens qu'on va avoir
des tas de trucs à se dire.

J'ai hâte que tu arrives.

Tu es encore loin ?

Non, j'aperçois le parc !

Je suis là dans cinq…

… quatre…

… trois…

… deux…

… un…

Te voilà !

Me voilà !

À suivre…

Tu as le goût de TOUT SAVOIR sur la série BFF ?
Tu veux nous faire part de sujets ou d'aventures que tu aimerais qu'on aborde, Nadeige et moi ?
Tu souhaites participer à nos FABULEUX concours ?
Clique J'AIME sur la Fan page BFF sur Facebook et écris-nous !
N'hésite pas à la partager avec tes amies !
À bientôt !

DANS LA MÊME COLLECTION

ISBN 978-2-89746-003-7

ISBN 978-2-89746-005-1

ISBN 978-2-89746-015-0

ISBN 978-2-89746-040-2